改訂版 石橋をたたいて渡る

ネット株投資術

コロナ下でもしっかり利益

三橋規宏

KAIZOSHA

はしがき

株の本と言えば、「ハイリスク、ハイリターン」を前提に一攫千金を目指すノウハウ本と相場が決まっています。でも、本書はこの常識とは真逆の「ローリスク、ほどほど（ミディアム）リターン」を掲げており、大儲けを狙う人には不向きです。銀行や郵便局の定期預貯金が年利で5～6％もあった高度成長時代には、大切なお金は銀行や郵便局に預けておけばそれなりの利息が得られました。しかしバブルが弾けた後の1990年代中頃から30年近くも過ぎた今日まで実質ゼロ金利の時代が続いています。銀行や郵便局にお金を預けてもほとんど利息が付きません。お金を貯めるためには、預貯金を株式投資に振り向け、自助努力、自己責任でお金を増やすしかありません。

幸いなことにデジタル革命によって、小額でのネット株取引ができるようになりました。この結果、これまでの「ハイリスク、ハイリターン」の株式投資の世界とは異なる、「ローリスク、ほどほどリターン」の世界が開けました。本書のネット株投資術（略して「石橋攻略」）は、元本を減らさず、投資額の1割強の利益を確実に手にするための入門書です。「石橋攻略」は、私が頭で考えだした投資理論ではありません。ネット株取引の普及を背景に試行錯誤を繰り返しながら「石橋攻略」を体系化、この9年間の実践で毎年平均約16・6％の利益を上げてきました。「石橋攻略」は主要な経済データを効率よく分析して投資判断、安全第一で細かく利益を稼ぐやり方です。そのノウハウを本書で包み隠さず公開します。

「石橋攻略」は長期投資ではなく、短期間に株式を売買し、適正な売却益と配当金を得るための手法です。その中身は①売買は最低単位（通常100株）を原則にする、②一回の売買で1〜2万円の差益を目指す、③株価動向を熟知した数種類の銘柄を繰り返し売買する、④購入後、数日から2、3週間、遅くても1か月以内に売却する、⑤現物取引と信用取引のベストミックスを考える、⑥信用取引に当たっては信用維持率100％以上を目標にする―などです。

「石橋攻略」は昨年（2020年）前半、突如世界を襲ったコロナショック（新型コロナウイルス感染の世界的大流行＝パンデミック）による世界的な株価大暴落にもうまく適応できました。コロナショックでNYダウは同年3月23日に1万8591ドル（終値）まで下落しました。3月初日（2日）のダウは2万6703ドル（同）だったので、わずか20日ほどの間に8112ドルも下落したことになります。同様に日経平均のボトムは3月19日の1万6552円（同）です。3月初日の日経平均は2万1344円（同）だったので、20日足らずの間に4792円も下落したことになります。信用取引中心の個人投資家の多くが大打撃を受けました。これに対し信用維持率、100％以上を掲げる「石橋攻略」では追証などの心配はありませんでした。私の場合、コロナウイルスが猛威を振るった昨年（20年）は11月、12月と株価が急騰したこともありますが、投入資金の約24％の利益（約489万円）を得ることができました。

私は新聞社を定年退職して自由時間が増えたため、銀行預金と退職金の一部を合わせ、手元資金2000万円で、本格的なネット株取引に乗り出しました。取引を記録するようになった12年から20年までの9年間で配当金を含めて約3000万円（税込み）の利益をあげました。平均すると年間約333万円、利益率は16・6％でした。

「石橋攻略」で資産運用を目指して欲しいのは次の人たちです。第一は若者中心の現役世代、男女を問いません。一昨年（19年）、金融庁が人生100年時代を楽しく健やかに暮らすためには「年金以外に2000万円が必要」とびっくりの報告書を出し話題になりました。老後に備えた資産形成は必要です。今から計画的に取り組めば、当初数百万円の資金で始めても「チリも積もれば山」で定年までに2000万円を貯めることができます。もう一つは高齢者世代です。定年まで真面目にコツコツ働き、退職金を含め多少の余裕金を持っていても、その上手な運用方法が分かりません。預金がダメなら株式投資でもと思っても、ハイリスク・ハイリターンの株式投資は怖くて取り組めません。しかし時代は大きく変わりました。石橋をたたいて（リスクをなるべく避けて）ほどほどの利益が得られるネット株投資術が可能になりました。といっても、多少のリスクは覚悟しなければなりませんが、石橋をたたいて渡る用心深さで取り組めばかなりリスクは軽減できます。

定年後に備え今から計画的に2000万円の資産形成に取り組みたい20歳代～50歳代の現役世代、余裕資金を運用して年数回の旅行や趣味、孫への土産代のための小遣い稼ぎに加えてボケ防止対策も期待したいシルバー世代にとって、「石橋攻略」はかなり役に立つと思います。

2021年1月

三橋規宏

目次

1章　ローリスク・ほどほどリターンに挑戦

●ゼロ金利に義憤を感じて…

バブルが弾けた後、1990年代中頃から実質金利ゼロの時代が今日まで30年近く続いています。家計部門の金融資産は約1845兆円あります（20年3月末現在）。名目国内総生産（GDP）約560兆円の3・3倍もの大きさです。このうち約54％の1000兆円が現預金で保有されています。仮に金利が年1％なら10兆円、2％なら20兆円の利子所得が生まれます。利子所得の2割は税金で引かれますが、残りの一部が消費に回れば個人消費需要が増え、景気にもプラスに働きます。しかし現実には実質金利ゼロで1000兆円の預貯金は死蔵された状態です。なんとももったいない話ではありませんか。

政府・日銀がゼロ金利政策を続ける目的は低金利で企業に資金を貸し出すことで設備投資を促し、景気拡大に結び付けたいためです。金利を引き下げることで企業の設備投資を刺激することは確かです。政策金利を上げたり下げたりして、景気を調整する手法は戦後の日本ではバブルが弾ける90年代初めまで続けられてきました。景気が悪くなると、日銀は政策金利（当時は公定歩合）を引き下げ景気刺激に動きます。逆に加熱してくると政策金利を引き上げ、過熱を抑制します。

しかし金利が実質ゼロ、さらにマイナス金利まで低下してしまうと、金利を動かすことで景気を刺激する効果は薄れ、逆に景気にマイナスに働く傾向がみられます。経済学者のケインズは金利が低くなり過ぎると、人々はおカネを現金として抱え込んでしまうため、「景気刺激効果はなくなる」（流動性の罠）と指摘しています。

経済の発展期ならともかく、成熟社会の日本では、金利を1％でもプラスに維持し、個人消費を刺激して、景気にプラスに働く道を選んだ方がよいと思うのですが、政府・日銀は「邪道だ」としてこの選択には見向きもしません。

私たちシルバー世代の多くは定年まで一生懸命に働き、退職金を得て少しましな生活を楽しみたいと思っても、預金以外に退職金を上手に運用する手段を知りません。「ハイリスク、ハイリターン」の株式投資で損するよりも、利息はなくても元本が守られる銀行預金にひとまず預けておこうと安全第一の選択に傾きがちです。金融資産1000兆円がゼロ金利の下でも現預金で所有されているのが何よりの証拠です。

若者が老後に備えてコツコツと積み立て預金をしても実質ゼロ金利では老後の「2000万円」は夢のまた夢で終わってしまいます。

時代は大きく変わっているのに、政府・日銀は当分、ゼロ金利を撤廃する気はなさそうです。政府・日銀任せはやめて、それぞれが自助・自立の精神でゼロ金利の牢獄から飛び出し、「ローリスク、ほどほどリターン」のネット株投資で、適正利益をゲットしてみてはいかがでしょうか。本書で紹介する「石橋をたたいて渡るネット株投資術」(石橋攻略)はゼロ金利に対する義憤から書き上げたものです。

●現役時代は株とは縁はなかった

私は新聞社を退職するまで株との縁はありませんでした。新聞社は記者が株式売買をすることを厳しく禁止しているからです。どこかの企業の株を買えば、何かの関係でその企業について書く場合、好意的な記事にしてしまうかもしれません。最悪のケースとしては、ある企業の株式を購入しておき、適当な時期にその企業の提灯《ちょうちん》記事を書き、株価が上昇した段階で売り逃げ、利益を得ることも可能です。

それればかりではありません。経済記者は日頃取材のため、多くの経営者、経営幹部と会います。取材の過程で「この記者は、ガードが甘い」と見くびられると、悪魔の手が伸びてきます。「近く重大ニュースを発表する。今のうちにうちの株を買っておくと儲かるよ」「近く上場するので、その前に何株か安く分けてあげるよ」などと誘われ、それに乗ってしまう。その結果、重大ニュースどころかベタ記事（1段見出しの記事）にもならないような記事を針小棒大に書かなくてはならなくなる。後者の場合、内部事情を知って株を売買すれば、インサイダー（内部者）取引として金融商品取引法違反で摘発されてしまいます。

特に経済記者には誘惑がたえず、身を厳しく律する必要があります。新聞社の幹部が新人記者を前に記者の心得を話す場合、必ず株取引の禁止を強調するのはこうした理由があるわけです。それに記者志望で入社してきた新人は、お金のことにそれほど興味はありません。ニュースを発掘し、それを記事にすることに生き甲斐を感じる者が大半です。

私も気持は同じで、新聞社に入社した時、密かに心に誓ったことがあります。それは「苦手《にがて》をつくらない」ということでした。言いにくい相手にこそ、位負けせず堂々胸を張って向かい合う。相手が質問されたくないと思っていることを正面から質問する勇気です。そのためには、取材先、取材相手から決して借りをつくらない生き方をすること、このことを肝に銘じて記者生活を送ってきました。

その私がなぜいま、株取引に興味を持つようになったのでしょうか。

●ケインズもサミュエルソンも株をやっていた

私が株に興味を持ったのは海外の著名な経済学者が株や為替、商品などの取引に関心を持ち、実践してきたことを知ってからです。株や商品取引などでそれなりの成果を上げた学者として、イギリスのジョン・メイナード・ケインズ（1883～1946年）が有名です。ケインズといえばマクロ経済学の創始者として知られていますが、象牙の塔に引きこもる純粋培養型の学者ではありませんでした。官僚、実業家、投機家などの顔も持つ実務家で、若いころから株式投資や為替、商品取引などに興味を抱き、実践し、成果をあげています。

ケインズが母校、ケンブリッジ大学の財政立て直しのため、同大の正会計官に就任したのは1924年、41歳の若さでした。それまで大学の基金の運用は法律によって信託証券と土地に限定されていました。ケインズは法律が定める正規の基金とは別に大学が裁量権を持ち、運用できる別のファンドを立ち上げました。そのうえで、政府証券、外国政府証券、さらに株式や商品取引にまで運用対象を広げ、辣腕を発揮し、財政立て直しに成功しました。それが評価され、終生、同大学の正会計官の地位を保持

ミルトン・フリードマン。1976年ノーベル経済学賞受賞

ポール・サミュエルソン。1970年ノーベル経済学賞受賞

ジョン・メイナード・ケインズ。マクロ経済学の創始者

することになりました。

私にとって、もう一つ忘れられないことがあります。

駆け出し記者だった70年頃、日本経済研究センターから1年間、米国・ニューヨークのマンハッタンにある民間の経済研究所「カンファレンスボード（CB）」に研修生として出向、経済予測の勉強をしていました。その頃、新聞社のニューヨーク支局長のYさんが、著名な経済学者、ポール・サミュエルソン・マサチューセッツ工科大学教授（1915～2009年）、ミルトン・フリードマン・シカゴ大学教授（1912～2006年）に相次ぎインタビューすることになり、「めったにない機会だから」と声をかけてもらい同席させていただいたのです。

（※写真はいずれもウィキメディア・コモンズから）

●「理論を実証するためにも株取引は大切だ」

インタビューが始まる前の雑談で、サミュエルソン教授は、名前は憶えていませんが「どこそこの株を売ってかなり儲かった」という話を得意気にしていました。「理論を実証するためにも、株取引は大切だ」という趣旨のことを言っていたのを覚えています。

別の日、フリードマン教授とのインタビューの時でした。インタビュー途中に電話がかかってきました。フリードマン教授はインタビューを中断し、電話機近くのデスクに腰を掛けて、証券会社らしき相手に対し、大きな声で手を振り上げながら「今すぐ〇〇ドルで売れ」などと指示していました。おそらく為替か株の取引だったのではないかと思いました。5分ほどで、電話が終わると何もなかったようにインタビューの続きを始めました。

サミュエルソン教授もフリードマン教授もその後に、ノーベル経済学賞を受賞したアメリカを代表する経済学者です。彼らの提唱する経済学を勉強していた私にとって、株式投資や為替、商品取引などにお金を投資して、自分の経済理論を検証している姿を見て、なにかとても新鮮に見えました。

というのは、その頃の日本の経済学者、とりわけ理論経済学者の間では、「株でお金儲けするなんてもってのほか、学者にとって恥ずべき行為だ」とする見方が一般的だったからです。事実、私もその当時の著名な理論経済学者が「株をやっている」という話は聞いたことはありませんでした。

なぜ、欧米の著名な経済学者には株式投資をする人が結構いるのに、日本ではいないのだろうか。それどころか、日本では、お金儲けのための株式投資は「学者の風上にも置けない行為」として軽蔑されてきました。この違いがどこからくるのか、長い間私には疑問でした。

●日本の経済学は輸入学問だったという仮説

いろいろ考えた結果、一つの仮説として、当時の日本の経済学は、まだ輸入学問の段階にあったからではないかと考えました。英国や米国で発展した経済学の理論を正確に理解し、日本人に伝えることが当時の経済学者の最優先課題だったように思います。実際、日本の著名な理論経済学者は、英国や米国の経済状態、金融制度などには精通していた一方、足元の日本の経済状況、例えば国民総生産（GNP）の規模、公定歩合の変遷、就業者数、失業率、貿易規模などについての具体的な数値はあまり知りませんでした。

駆け出しの経済記者にとって、欧米の経済事情に精通している日本の理論経済学者が肝心の日本の経済事情をあまり知らないことに違和感を覚えました。当時の日本経済は完成度の高いアメリカ経済と比べ、成熟度が低く、日本独特の商習慣や産業の二重構造、消費者行動、労働慣行などが混然一体となって経済活動に影響を及ぼしていたため、アメリカで完成された経済学の理論はうまく適用できませんでした。

日本経済の後進性も、やがて時間が経てば成熟度が高まり、企業も消費者もアメリカ型に近づいてくるはずだ。そうなればアメリカ生まれの経済理論も適用できるようになるだろう。それまでは、遅れている日本経済について詳しく知らなくても構わない――こんな思いが、当時のわが国経済学者の間で強かったのではないかと推測できます。

後日談になりますが、アメリカから帰国後、日本の著名な経済学者に会った際、「サミュエルソンやフリードマンは株式投資や為替取引で儲けているようですね」と話を向けると、「彼らはユダヤ人ですからね。お金に強い執着心があるのでしょう」と一蹴されてしまいました。

経済学は社会科学です。同じ科学と言っても物理学や化学、天文学などの自然科学と違います。人々の消費行動、企業行動などをつぶさに観察して、様々な仮説や理論を導き出し、体系化したものが経済学です。人々の消費行動や企業行動には、それぞれの国の歴史や文化、宗教などが色濃く投影されています。従ってそれぞれの国の経済活動、発展の仕方は一様ではなく、逆に驚くほど多様化しています。欧州やロシア、日本、中国やインドなど長い歴史・文化を持つ国と、資本主義の歴史しか持たないアメリカとでは、経済政策、経済発展の仕方は大きく異なります。誤解を恐れずにいえば、自然界の法則のように、世界中どこでも通用する法則は経済の世界には存在しないということです。それぞれの国にはそれぞれの国の歴史や文化、宗教などの影響を受けた独特の経済発展の仕方、姿があるということです。

このように考えると、経済学は純粋科学というよりも実学そのものではないかと思うようになりました。実学なら現実に役に立たなければ意味がありません。新聞社を退社したら、欧米の著名経済学者にならって、それまでの経済記者として培《つちか》ってきた知識や企業分析を生かして、私なりに株式投資に挑戦してみようと、密かに思うようになりました。

●急速に普及したネットトレード、手数料は8分の1に

インターネットを利用して、自宅のパソコンやタブレット、スマートフォン（スマホ）などで株式取引することをオンライントレードやインターネットトレード、略してネットトレードと言います。実際に取引をする人はネットトレーダーなどと呼ばれます。ネットトレードの歴史は比較的新しく、アメリカでは1995年頃、日本では2000年頃からです。

ネット株取引は情報通信技術（ICT）の急速な進展によって初めて可能になった取引で、それまでの証券会社の店頭で行われていた株式取引ルールを根本的に変えてしまう大きな力を持っていました。アマゾンなどに代表されるネット通販会社がこの10年ほどの間に売り上げを急激に伸ばし、百貨店や専門小売店を凌駕するようになった理由と似ています。個人投資家の大部分はいまやネット株取引に移行しており、ネット株革命と呼んでもよい大きな変化を株取引の世界に与えています。

日本では、1999年10月に株式売買委託手数料が完全自由化されました。委託手数料とは投資家が株を売買する際に証券会社に払う手数料で、売買金額が大きくなる

につれ手数料率は下がります。それまでは証券取引所の受託契約準則によって、手数料率は固定化されていました。

例えば東京証券取引所の取引参加者である証券会社の手数料率の平均は自由化前の99年3月期には0・45％でしたが、2012年3月期には0・06％に下がりました。約8分の1まで低下したことになります。手数料率の低下をけん引したのはネット証券です。

最初にネットトレードに乗り出したのは松井証券で、1998年5月からです。続いてマネックス証券、楽天証券、日本オンライン証券などが2000年頃までに相次ぎ営業を開始しました。現在、外国の株式取引に特化したものも含め、20社を超えるネット証券が設立されています。

完全自由化前の証券会社の営業は、営業部員がお金持ちや常連の顧客を対象にした対面取引が中心でした。当然、人件費が大きな割合を占めていました。ネット取引で営業部員がいらなくなり、人件費が大幅に削減できたため、安い手数料率が実現できたわけです。大手ネット証券によると、現在では個人投資家の約8割がネット経由で株を取引しているそうです。

●証券会社推奨ではなく、自分の判断で

新聞社を退職したら株式投資をしてみたいと思っていましたが、実際に証券会社に出かけるのはおっくうでした。どんな銘柄をいくらで何株くらい買ったらよいかをいちいち窓口の担当者に相談するのは気が進みませんでした。自分で個々の銘柄を研究し、自分の判断で株を購入したいという気持ちが強かったからです。それに、大手証券会社は、定期的に推奨銘柄を決めて顧客や店頭にきたお客に販売します。株価が一定期間に期待したほど上がらない場合は売却を促し、新規に定めた推奨銘柄を改めて勧めます。それでも、お客が「儲かった」という話はあまり聞いたことがありません。

株式購入後、3年なり5年なりが経過した後、いくら儲かったかを検証してみると、あまり儲かっていない個人株主が圧倒的に多いのではないでしょうか。元本が戻ってくれれば良い方で、実際には元本割れで、赤字になってしまうケースもかなりあったように思います。証券会社は個々の顧客や店頭客に誠意をもって儲けさせてやろうなどという姿勢はほとんどありません。何人もの友人が証券会社の勧めで買った株や投資信託が暴落し、損をさせられたと愚痴っています。「証券会社の営業マンなど信用でき

ない」と憤る知人も何人かいました。

だが、もし自分が株式投資をするとすれば、そんな失敗はしないだろう、それなりに儲けてみせるという自負がありました。経済記者を長年やってきた経験から経済の先行きを見る能力、有望企業を選別する目は普通の人より優れていると密かに思っていました。証券会社の推奨する株式ではなく、自分の判断で有望銘柄を選択できると高をくくっていました。

●ITブームを読み違えて大損

私が新聞社を退社したのが2000年3月です。その5年ほど前の1990年代後半にアメリカではシリコン・バレーを中心に空前のITブームが起こりました。グーグル、アップル、ヤフー、マイクロソフト、ネットスケープ、アマゾンなどの一連のIT関連企業の株価が急上昇しました。

IT関連企業の銘柄の多いナスダック（NASDAQ 注1）総合株価指数は、1996年頃は1000前後で推移していましたが、99年には2000を突破し、2000年3月10日の終値《おわりね》の指数はピークの5048を記録しました。しかしその翌日から株価は急落して01年には2000を下回り、02年にはさらに1500を割り込み、ブームは収束しました。

アメリカのITブームは日本にも伝播しました。1990年代に入ってから、日本は「失われた20年」と言われる長期不況にあえいでいました。アメリカのITブームはそんな日本にとって希望の灯に見えたのです。90年代に日経平均は下落を続けていましたが、99年に入った頃から米国ITブームの影響を受け上昇に転じ、2000年4月17日には2万434円を付けました。しかし、その翌日から急落し01年に入ると1万円を割り込みました。1年間で日経平均は1万円も下落したことになります。ITブームでもてはやされたソフトバンクの時価総額はピーク時の約20兆円から2800億円へと約70分の1まで下落しました。マスコミは「ITバブル崩壊」として大きく取り上げました。

その頃の私はITブームがまだまだ続くと判断していました。そこで、絶好のチャンス到来だと思って、株式投資に初めて手を染めました。ピークよりも下落した水準の今こそ買いのチャンスと思ったのです。購入後に株価は続落したのですが、いつか反騰するはずと信じてさらに買い増しました。株価が下がり続けても下がればまた買うという攻めの姿勢を続けました。当時、退職金が入ったことのほかに、私が書いた本も売れて気持ちが大きくなっていたのでしょう。ＩＴ関連企業やいまでいうメガバンク、電気機器メーカーなどの株式を総額で１０００万円近く買い続けました。

　さすがに、止めどもなく落下を続ける株価に不安を感じ、正気に戻った時はすでに遅く、結局、手元には投資額の半分５００万円程度しか残りませんでした。「普通の人とは違う」とうぬぼれ、意気込んで始めた株取引でしたが、2年ほどで大敗北を経験し、「株は自分には向いていない」という苦い思い出だけが残りました。

●しばらく株の世界から遠ざかる

　それ以降、しばらく株の世界から身を引いていました。

　ＩＴバブル崩壊後、日本の株価は低迷状態を続けました。「（古い）自民党をぶっ潰す」と吠え、「聖域なき構造改革」を掲げて小泉純一郎首相が登場したのは01年4月26日です。その日の日経平均株価は１万３９７３円でしたが、同年9月11日にアメリカで同時多発テロが起き、同日の日経平均は１万２９３円まで下落しました。その後も株価は低迷を続け、03年4月28日にはバブル崩壊後の最安値《さいやすね》となる７６０７円まで低下。株は遠い世界の話として私の意識の中から消えていきました。

32年間の日経平均

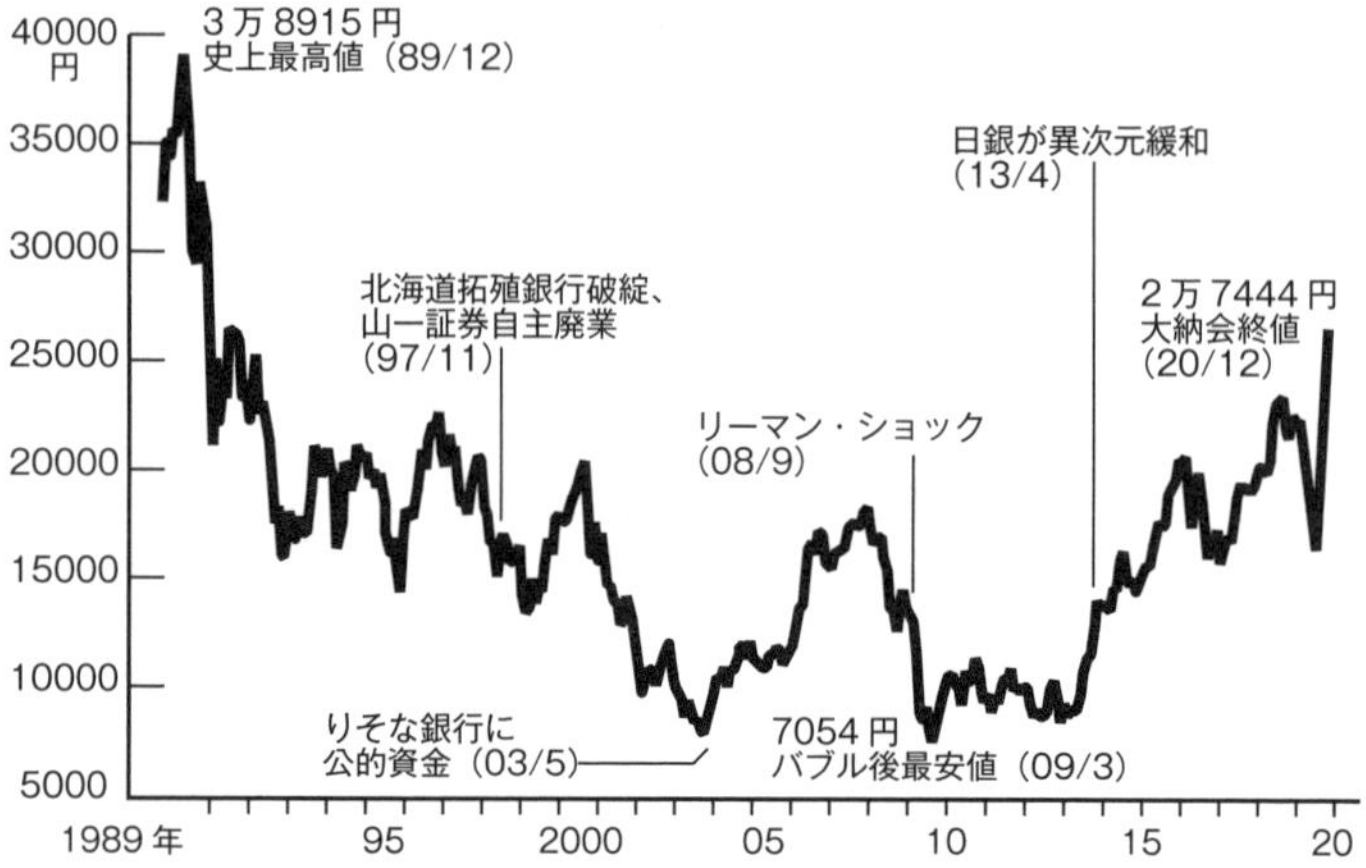

ところが、日経平均は03年4月にボトムを付けた後、急速に回復に向かいました。小泉首相が着手した金融機関の不良債権処理、郵政民営化などの一連の構造改革の効果が表れ、ITバブルの崩壊で低迷していた景気が上向き始めました。いわゆる小泉景気の到来です。株価も急上昇を始めました。04年に1万1000円を回復、05年には1万5000円を突破し、08年9月のリーマン・ショック直前には1万8000円を突き抜ける勢いでした。

　不思議なもので、株価がここまで回復してくると、頭の片隅にも残っていなかったはずの株への関心が再び湧き上がってきました。

●ひらめいた、ローリスク・ほどほどリターン

そんなある日、株好きの友人とランチをしました。

「ネット株を始めたが、実に面白い。パソコンに向き合い、自分の好み、判断で自在に銘柄を選んで自分の意志で自由に売買できる。購入金額も少なくて済み、実に楽しい。こんな時代がくるとは思ってもみなかった」とその友人は言うのです。

これまで多くの個人投資家は証券会社の店頭で、営業マンに値上がりしそうな銘柄を聞き、他力本願で株を購入してきました。購入金額も多かったため、結果として大損害を被ってきたように思います。株で失敗した自分には無縁と思っていましたが、改めて「ネット株」について興味を抱き、ネット株取引のＡＢＣを勉強してみようと思うようになりました。

いろいろ調べているうちに、直感が突然ひらめきました。株の世界は「ハイリスク・ハイリターン」が常識の世界です。ネット株時代に入っても、この構図は変わりませんでした。だが待てよ。ネット株時代に入ったことで多様な情報を簡単に得ることができ、売買手数料も格段に安くなった。これまで不可能だと思われていた「リスクを

低く抑え、その代わりに最大リターンを目指すのではなく、ほどほどの利益が得られる方法」が可能になるのではないか。そんな新しい投資方法の道が開ければ、預貯金金利ゼロで苦しんでいる高齢者や専業主婦、個人事業主、さらに現役のビジネス人に希望を与えることができるのではないかと思い付いたわけです。

具体的には、株取引に付随するハイリスク要因をできるだけ封印し、石橋をたたいて渡るような用心深さで株を運用する方法があるのではないか、その運用で大儲けはできなくても、1割程度の利益が得られれば、「御の字」ではないか。これが「ローリスク・ほどほどリターン」(注2)の考え方です。

もしこの方法が安全なら、預貯金金利実質ゼロに不満を抱いている多くの人々が銀行預金の一部を株に振り向け、それなりの利益が得られることになります。今の日本では、家計の金融資産の約半分は現預金になっています。

これから高齢化社会はさらにどんどん進みます。退職者の多くは一生懸命に働いて手にした大切な退職金を安心、安全な方法で持っていようと思っています。リスクの高い株は怖くてとても投資の対象にする勇気がありません。金利実質ゼロでも仕方がない、元金が保証されている預貯金として保有して元本を減らさないようにしようと。

だが、多少のリスクはあっても、自分のおカネを運用して、毎年少しでも利益を得ることができれば有難いと願っている人も少なくないでしょう。

ＩＣＴ革命の結果、登場してきたネット株取引がその願いをかなえてくれる救世主になるのではないか、そんな直感が突然私の頭の中でひらめいたのです。ネット株取引は、「金利ゼロ」の罠に囚われている多くの人々を開放してくれる「幸運の女神」になる。私の直感は次第に確信に近いものに変わっていきました。

「ロ―リスク・ほどほどリターン」を実現させるための「石橋攻略」は、こんな発想から生まれました。

この提案が正しいのか正しくないかの判断は、まず自分がネット株取引を行い証明して見せなければなりません。そのためにはまず、ネット証券会社に自分の取引口座を開設しよう。

●ネット口座開設、豊富なデータが一目瞭然

口座開設のためには、ネット証券会社に開設の申し込みをします。証券会社から送られてきた開設申込書に必要事項を記入して返送。口座開設が認められると、証券会社から会員ＩＤ、初期パスワードが送られてきます（パスワードは自分で変更します）。ネッ

トトレードの世界でＩＤとは、ネットワークを利用する人を識別するための番号や略称のことです。

04年5月、松井証券に口座を開設しました。証券会社への預入金として約２０００万円を用意しました。銀行に預金していた3年定期を解約して１５００万円、ＩＴバブルによる損失で手元に残った５００万円を合わせたものです。

松井証券のホームページを開いて、ＩＤとパスワードを入力し、「ログイン」を押すと、自分の取引画面が表示されます。画面から様々な情報が得られます。例えば日経平均、ＴＯＰＩＸ、日経２２５先物期近《きぢか》、ドル・円相場、ユーロ・円相場、ＮＹダウ、ナスダックなどの基本データが簡単に見られます。個別銘柄を検索すると、その日の株価の変化がリアルタイムで表示されます。現在値、前日比騰落率、始値《はじめね》、高値と安値の時刻、出来高などが一目で分かります。さらに「情報」をクリックすると、企業情報、チャート、銘柄情報などが出てきます。

企業情報には、その企業の先行きを専門家がどう判断しているかの情報が掲載されています。チャートをクリックすると、その銘柄の株価の変化が、短期のものから長期のものまでグラフ化されて出てきます。長期のグラフを見ると、過去5～6年の株価の推移が分かります。別のグラフを見ると、直近数年の株価の推移、足元の過去数

松井証券で得られる「市況」

市況		
指 標/チャート	現在値	前日比
日経平均	21,788.14	+241.15
日経225先物期近	21,810	+10
JPX日経400	14,993.59	+137.13
TOPIX	1,691.54	+15.34
日経JQ平均	3,726.65	+47.47
JQ指数	165.75	+2.92
Jストック	3,342.59	+81.14
マザーズ指数	1,025.24	+28.90
NYダウ	−	−
NASDAQ	−	−
ドル/円	110.62	
ユーロ/円	129.56	
長期国債先物	150.99(+0.02)	

松井証券口座に表示される「市況」

日間、今日の変化もグラフで見られます。

さらに個別の銘柄情報をクリックすると、上場来高値、安値、年初来高値、安値、株主総会日、配当落日《はいとうおちび》、中間配当落日などが分かります。決算をクリックすると、売上高・営業収益、営業利益、経常利益、純利益、一株利益、一株配当、株主資本利益率、純資産などの財務データのほとんどを知ることができます。ネット株取引が普及する以前の証券会社の営業マンが持っている以上の知識がたった数分間で得られます。

株取引に必要な豊富なデータがこんなに簡単に見られるとは正直、驚きでした。店頭取引の時代は、上場企業の財務情報を満載した分厚い「会社四季報」「会社情報」などの情報本を購入して銘柄チェックしなければなりませんでした。文字が小さく高齢者にとっては長く読み続けることが苦痛になります。その点、パソコン画面で簡単に見られるのは大きな魅力です。

●さあ、取引を開始しよう

実際の注文に当たっては銘柄検索欄に「銘柄コード」を入力します。銘柄コードとは証券取引所に上場する企業に付与された番号です。例えばトヨタの銘柄コードは７２０３、ホンダは７２６７、ソニーは６７５８です。メガバンクの三菱ＵＦＪは８３０６、三井住友は８３１６です。銘柄コードはインターネットで検索すれば簡単に見つかります。銘柄検索欄に７２０３を打ち込むと、トヨタの株価が表示されます。

次に取引を開始します。現物《げんぶつ》でトヨタの株式を株価６０００円で１００株購入するケースを仮定します。パソコンにはトヨタ自動車の注文内容入力図が表示されます。最初に取引区分をご覧ください。取引は大きく分けて現物取引と信用取引があります。

取引区分から「現物買」を選択し、次に口座区分から「特定（注3）」を選びます。続いて市場から「東証」を選択、さらに株数の空白部分に「１００」（数字は半角で、以下も）を入力。次の値段のところに「６０００」を入力します。執行条件では「なし」を選択、最後に有効期限から「当日」を選択し、「注文確認」を押して完了です。

売り注文も同じステップをたどります。６０００円で購入したトヨタ株が６５００

松井証券の取引口座画面

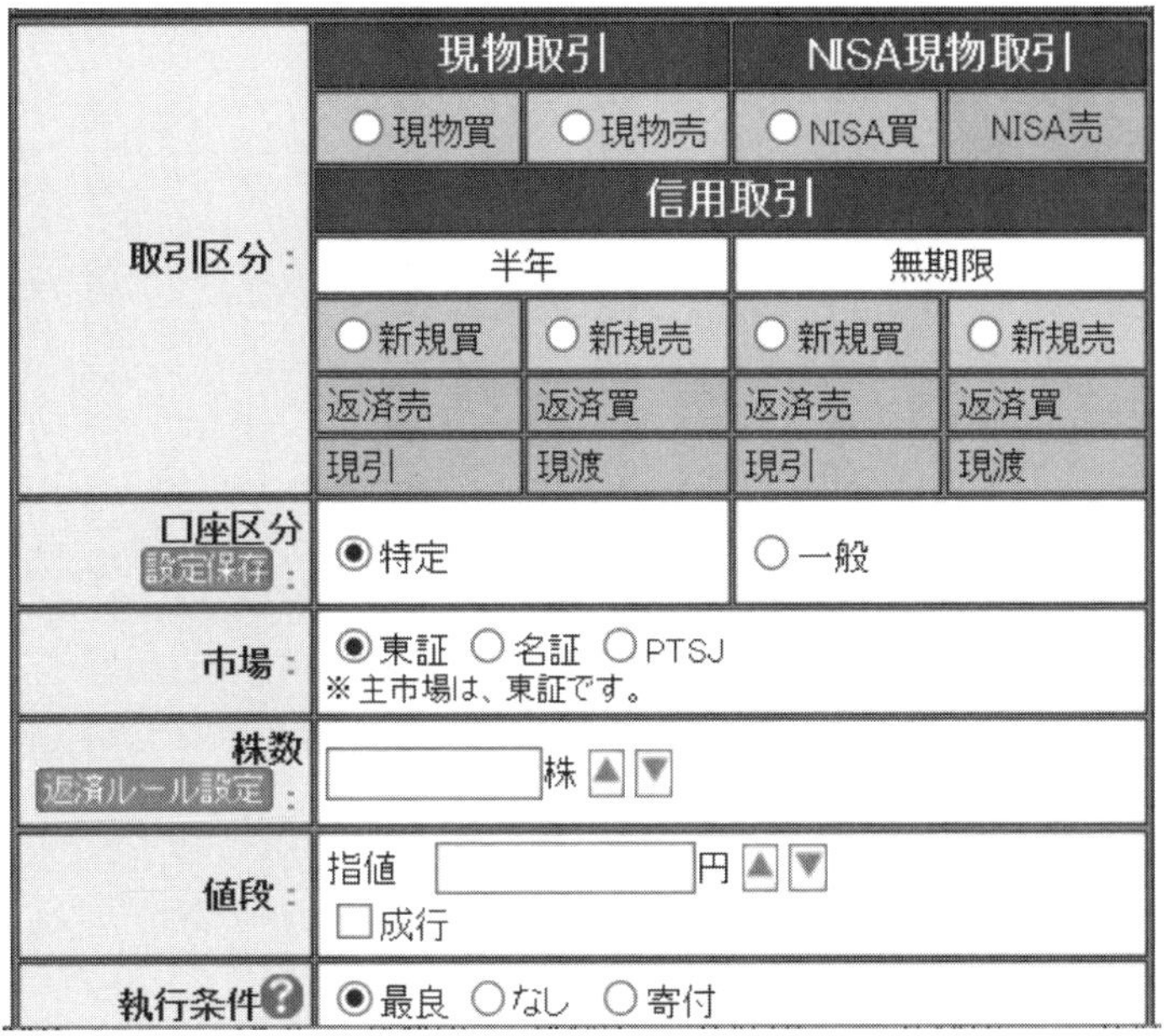

円に上昇したとしましょう。ここで１００株売却すれば、５万円の差益が得られます。今日中に利益を確定したいと思えば、最初に「株式取引」をクリックします。次に「現物売」をクリック、さらにトヨタ自動車の「売」をクリックします。するとトヨタ自動車の注文内容入力の図表が出てきます。

　図表を見ながら「市場」から東証を選択します。その下にある「枚数」に「１００」を入力。さらにその下にある「値段」に「６５００」を入力。

その下の「執行条件」から「なし」を選択します。「有効期限」から「当日」を選択します。以上の注文内容をチェックし、問題がなければ、「注文確認」を押します。これで手続きはすべて完了です。活字にすると手間がかかって面倒そうですが、慣れるとスムーズに買ったり売却したりできるようになります。

●急がば回れ、6年かけてじっくり研究

しかし、ここまで準備をしながら、私はすぐに本格的な取引を始めませんでした。ネット株取引は諸刃の剣です。これまで店頭取引では事実上無理だった「ローリスク・ほどほどリターン」型のアプローチをするためには周到な準備が必要だと思ったからです。

株取引の世界では「ハイリスク・ハイリターン」が主流であり、「ローリスク・ほどほどリターン」は異端視され、実績もありません。これまで注目されなかった手法なので、試行錯誤を繰り返しながら自分で新しい道を切り開かねばなりません。

最大の武器となるのは、ネット証券会社が常時提供してくれる豊富な株取引関連情報です。それらの情報を上手に使い分け、利用することで「ローリスク・ほどほどリ

ターン」を実現するためにはどうしたらよいかを考えださなければなりません。具体的には、投入資金の元本を減らさず、年間最低1割程度の利益を得るための様々な工夫、手法です。500万円投入した場合は年間50万円（税引き前）、1000万円の場合は100万円の利益が得られるような運用の仕方です。

そのためには、銘柄の選定、購入株価水準、売買単位と金額、売却価格水準、現物取引と信用取引のバランスなど検討すべき課題は山積していました。

1割程度の利益が多いか少ないかの評価は人によって様々でしょう。従来の投資家から見れば、なんともみみっちい話として一笑に付されてしまうかもしれません。半面、金利ゼロの預金に苦しんでいる多くの高齢者、勤労者、家庭の主婦、個人事業主などにとっては、1割の利益が安定的に得られるならとても魅力的なはずです。そのためには焦らず時間をかけて様々な実験を試みる必要がありました。

私の所属する大学の定年は70歳です。それまではまだ6年ありました。年金だけでは不安なので、定年後は収入減を補うため、本格的に「ローリスク・ほどほどリターン」を実践し、小遣い稼ぎをしたいと考えていました。6年間かけて石橋たたきのノウハウを一つ一つ積み上げていこう。「急がば回れ」です。

●株の素人だからできること

といっても、株に素人の私がこんな構想を掲げても株の世界では誰も相手にしてくれません。自ら実践してみせる以外に方法はありません。「無から有を作り出すことがイノベーションにほかならない」とある経営学者から聞いたことがあります。株取引にイノベーションをもたらすのは、株取引の専門家ではなく、私のような株の素人の方が案外向いているのではないか。こんな気持ちが沸々と湧き上がってきました。

その頃のことです。中国人留学生の中にスマホを使ってネット株取引をしている学生がいました。「どうだ、儲かっているかね」と声をかけると、「わずかですが、利益がとれます」と留学生はうれしそうでした。いつでも、どこでも簡単に売買できるので「仲間の留学生の間では、ネット株取引は人気です」とその学生は付け加えました。

日本人学生と違って中国人留学生は起業やおカネの運用に強い関心を持っています。ネット株の売買を始めた学生は、数十万円の小額で始めることができることや、不遜な話ですが授業を受けながらでも瞬時に売買できるスリルもあって魅力的です、と冗談交じりで話してくれました。

留学生とのちょっとした会話でしたが、ネット株取引は、今後急速に広がってくると確信しました。

●年1割の利益を目指す

大学を退職後の私の収入は年金とわずかの講演、原稿料などで、現役時代と比べ大幅に減少してしまいます。これまで貯めてきた定期預金などを食いつぶして生活するのでは先行きが不安です。余裕資金を有効に運用して、定年後もそれなりの生活を楽しめる程度のお小遣いを稼ぎたい、こんな気持ちを持っていました。

お小遣いは連れ合いとの海外旅行や国内温泉旅行、月1、2回のゴルフ、卒業生や応援している環境NGO・NPOの年会費や若いスタッフたちとの定期的な懇談会費など、年間100～200万円程度あれば万々歳です。

このお小遣いを稼ぐために、松井証券のネットストック口座には余裕資金約2000万円を投入したことはすでに述べた通りです。6年間の準備期間中、500万～1000万円を使って様々な実験をしました。現物取引、信用取引、銘柄の選定、取引単位、株式を買うタイミング、売るタイミング、信用取引と現物取引のベストミックスなどです。成功したこともありますが失敗したケースの方が断然多かったと思います。元本割れを起こさないよう石橋をたたいて渡ったつもりが、実際の株式投資では元本割れに追い込まれたこともあります。元本割れした場合は、できるだけ早く元本回復のための対策が必要です。

「石橋をたたいて渡る」わけなので、株取引のうまみとされる「ハイリスク・ハイリターン」は求めません。というより、「ハイリスク・ハイリターン」の考え方は否定し、「ローリスク・ほどほどリターン」を目指します。

取引期間は1月から12月までの1年で考えます。株取引の損益は分離課税の対象となっており、利益に対して国税と地方税合わせて20・315%の税金が差し引かれます。逆に損を出した場合は税金が還付されます。年末に購入価格以下の状態が続き、今後も期待できないと判断した銘柄を思い切って損切り（注4）すると、納税額の範囲で損失額の約20%が還付されるので、痛手をちょっぴり補うことができます。

●幸せ世代だった今の高齢者

振り返ってみると、私を含め、現在、高齢者に分類される世代は幸せな時代を過ごしてきたと思います。多くは高度経済成長を支えた企業戦士です。太平洋戦争の敗戦で廃墟と化した日本は短期間で復興しました。生活は貧しくても人々には夢がありました。「今年より来年、来年よりも再来年」と年を追って生活が豊かになっていくのが実感できました。経済の発展に伴って賃金も毎年増え続けました。私が社会人としてスタートした1964年秋には東京オリンピックが開催され、東京―大阪間に新幹線が開通しました。高速道路網もあっという間に日本列島に張りめぐらされました。

60年代の日本経済は年率10%を超える高度成長を10年近く続け、日本は最貧国から先進国への道をひた走りました。68年には日本のGNP（国民総生産）が西ドイツ（現ドイツ）を上回り、アメリカに次ぐ世界第2位の経済大国に駆け上がりました。それを知って、「日本もここまで来たのか」とうれしさと誇りを感じたことをいまでも鮮明に覚えています。

豊かになった日本は80年代後半のバブルの時代に空前の繁栄に酔いしれました。ジャパンマネーが欧米の歴史的建造物・高層ビル、ゴルフ場、有名絵画などを買いあさりました。「もはや欧米から学ぶことは何もない」、自信というより驕《おご》りと受け取られる発言が経営者の口から盛んに発せられました。一種のユーフォリア（熱狂的陶酔感）が日本を包み込みました。

「好事魔多し」といいます。良いことが永遠に続くはずがありません。バブルが弾けた後、90年代に入ったころから日本は深刻なデフレ経済に陥り、

「失われた20年」と言われる長期低迷の時代を迎えました。20年間、名目GDP（国内総生産）が増えなかったため、成長著しい中国に後れを取り、2010年にはGDP世界第2位の座を奪われてしまいました。それから今日まで日本経済の低迷はまだ続いています。

私の世代は90年代後半から2000年前後に相次ぎ定年を迎えました。経済の衰退期に差し掛かっていましたが、大企業に就職した友人の多くは、まだ会社に十分な蓄積があったため、今の現役世代からは羨《うらや》ましがられるような額の退職金をもらって会社を卒業しました。年金も過去の蓄積のおかげでそれなりに恵まれています。今の現役世代である20代、30代が高齢者となったとき、とても手にすることができない金額です。

改めて来し方を振り返ると、今の高齢者は明治の近代化以降、最も恵まれた時代を生きた幸せ世代と言えるでしょう。そんなシニア（高齢者）層にも今大きな不安があります。

●金利ゼロ時代の資産運用に不安

幸せ世代の今のシニア層にとって最大の悩みの一つが金利ゼロ時代の資産運用です。十数年前、定年を迎えた私の友人たちは、高額な退職金をもらって長年慣れ親しんだ会社を次々に後にしました。その頃から、ゼミやクラス会の仲間との会合が増えましたが、決まって私に向けられる言葉が、「退職金をうまく運用する方法を教えてほしい」という言葉でした。友人の多くはメガバンク、大商社、重化学工業を支えた中核メーカーなどで部長や役員を務め、現役時代には何億、何十億、何百億円のお金を動かしてきたつわものぞろいです。その彼らが数千万円の退職金の運用となると、知恵がまったく回らなくなります。会社のお金を組織的に運用するノウハウにはたけていても、自分のお金の運用についてはほとんどお手上げ状態にあることを知って驚きました。

私は30年以上新聞社で経済記者として過ごしてきたため、お金の運用にあたって何かマル秘情報でも持っているのではないかと思われていたのです。とんだお門違いです。「そんなうまい話があれば、私の方こそ教えてもらいたい」と言い返したものです。

●100万円の定期預金、利息は20円ぽっち！

私の世代が定年を迎えた1990年代後半から今日まで、預金金利はゼロ近くで据え置かれています。現在、銀行の定期預金は期間を問わず0・002%です。100万円を1年間預けても利息は20円だけです。この利息から国税と地方税合わせて2割を差し引くと手取りは16円に過ぎません。この水準は正確にはゼロ金利ではありませんが、実質ゼロ金利だと多くの国民は受け取っています。

今のところ日本はデフレ経済からの脱却に成功していないので、物価が安定しており、退職金などの金融資産が目立って目減りしていないのがせめてもの救いです。金融資産を銀行預金や郵便貯金で増やすことができた高度成長時代を懐かしく思い出す高齢者も少なくないでしょう。

日本人は欧米の人たちと違って、金融資産を現金や預貯金として保有する割合が極めて高いのですが、ゼロ金利だとせっかくの金融資産を増やすことができません。こつこつ働いて貯めたお金が増えなくなると、将来の生活に不安が募ってきます。

家計の金融資産構成の日米欧比較

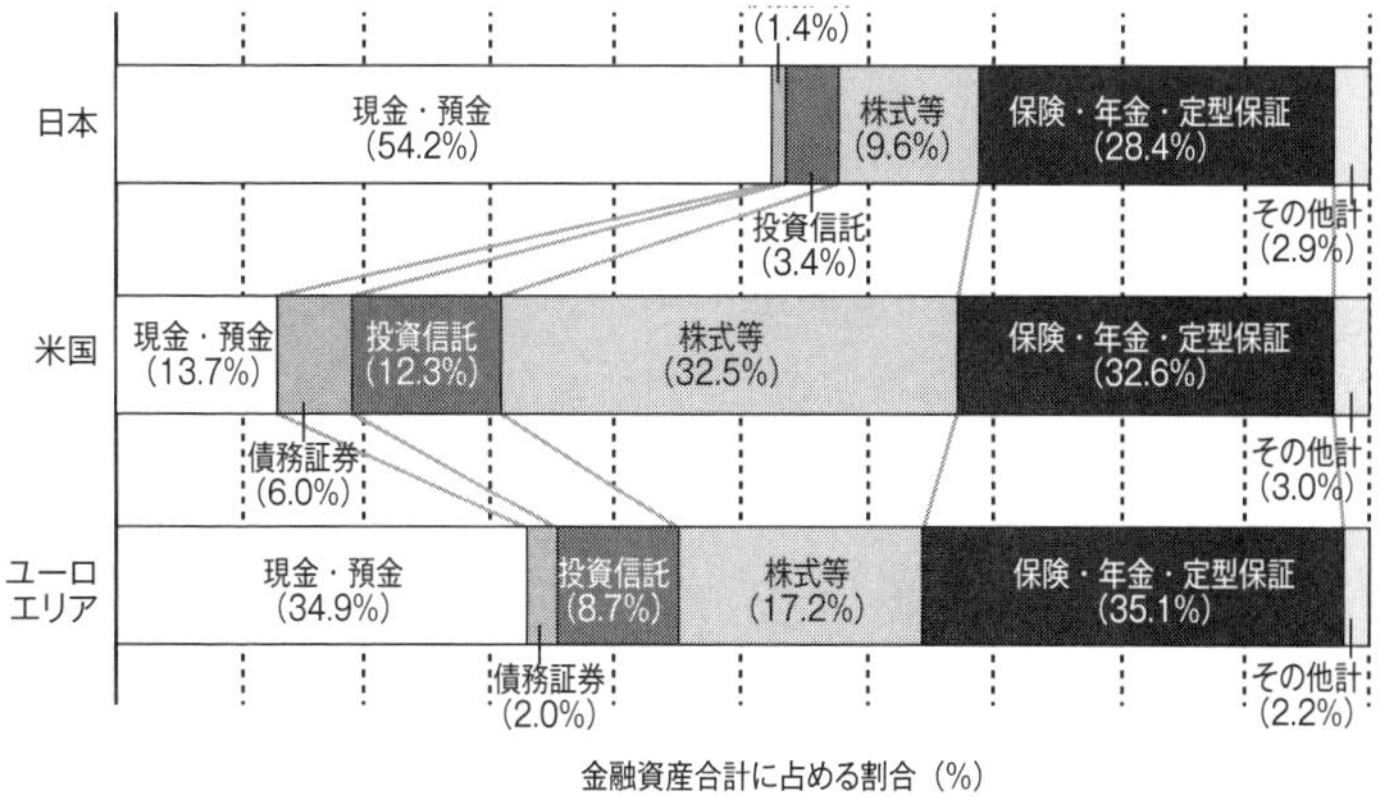

※「その他計」は、金融資産合計から、「現金・預金」、「債権証券」、「投資信託」、「株式等」、「保険・年金・定型保証」を控除した残高。

日銀資料(2020年3月末現在)から作成

●家計金融資産、日本は半分以上が現預金

図は日銀統計による20年3月末時点の「家計の金融資産構成の日米欧比較」です。図からも明らかなように、わが国の家計金融資産(約1845兆円)の54・2%(約1000兆円)が現預金です。株式・投信・債務証券は合わせても14・4%に過ぎません。しかも総務省家計調査によると金融資産の28・3%は世帯主の年齢が60歳代、38・1%が70歳以上です。つまり家計金融資産の7割近くは60歳以上のシニア層によって保有されています。「若者貧乏、老人金持ち」などといわれるの

は、この数字が一つの根拠になっています。

これに対しアメリカでは現預金比率はわずか13・7%に過ぎず、50・8%が株式・投信・債務証券で占められています。ユーロ圏は、日米の中間といったところです。

日銀の分析によると、リスクを許容して投資を重視、成果を期待するアメリカ人と、確実性に重点を置く日本人との違いが、両国の貯蓄性向の差、金融資産に対する考え方の違いとなって表れているのではないかと指摘しています。

歴史的にみてみると、日本人の貯蓄性向が高いのは戦後の経済発展の仕方と関係があるように思います。日本が高度成長を目指すためには、企業の積極的な設備投資が必要ですが、貧しかった当時の企業には設備投資に振り向けられるお金がありませんでした。

そこで政府、日銀は貯蓄奨励を積極的に国民に呼びかけました。貯蓄を促すために少額貯蓄非課税制度が導入されました。いわゆるマル優制度です。銀行預金、郵便貯金、公債（国債、地方債）などは上限350万円までを非課税とする制度です。当時の世の中には「貯蓄は美徳」の空気が広く浸透していました。金融機関や郵便局に集められたお金が低利で企業に貸し出され、設備投資に回り、高度成長を実現させせました。

●預金金利が6%台の時代もあった

高度成長期の預金金利は、今日と比較すると、かなり高水準でした。例えば1960年から90年頃までの約30年間、日本の公定歩合は平均5%以上、1～2年物の定期預金金利は5%前後でしたし、6%を超える時期もありました。この程度の高金利が維持されている限りは、人々が金融資産を預貯金として保有するのは極めて健全といえるでしょう。

さらに、日本人の現金好きも先進国の中では突出しているようです。戦前は銀行の数が少なかったし、戦後も高度成長期に至るまでは支店の数もいまほど多くはありませんでした。銀行からお金を引き出す場合にも手間と時間がかかるだけでなく、万一銀行が倒産してしまえば、元も子もなくなってしまいます。その点、大切なお金を現金として保有していれば安心だ――こんな発想からタンス預金と称して、自宅で現金を保有する傾向が明治以降の日本人には特に強かったように思います。

一方、アメリカ人と違って、株式投資を危険視する日本人の精神風土も無視できないと思います。ハイリスク、ハイリターンの株の世界は特殊な世界、マネーゲームの好きなお金持ちの人たちの世界として敬遠されてきました。一攫千金を夢見て一文無しになってしまった相場師のうわさが広がり、身近な人が株で損をした話を聞くと、「株は怖いもの」「普通の素人が手を出すものではない」といった否定的な見方が広がり、株アレルギーの日本人が多数派を形成するようになったのだと思います。

家計部門の金融資産の構成比が日米で大きく異なるのは、歴史的に形成されてきた日本人の現預金信仰、株アレルギーが色濃く投影されているように思います。

●インターネット、スマホを駆使する今どきの若者たち

だが、時代は大きく変わりました。高度成長期ははるか昔にかすんでしまいました。今の若者たちにとっては別世界の話で、そんな元気な時代があったのかと教科書で知り、歴史の一幕として記憶に残しているだけです。

私は60歳で新聞社を卒業した後、２０００年から10数年間、大学で日本経済論や環境経済学などを教えてきました。大学に勤めだして7～8年経つと平成（元年＝１９８９年）生まれの学生が入学してきました。彼らは生まれた時からずっとゼロ成長の時代を生きてきた世代です。好況の時代を知りません。贅沢で派手な生活とは無縁です。親の

収入が増えないため、学費や生活費のかなりをバイトで稼ぐことが当たり前になっています。おとなしくて「草食系」などと称される男子学生が目立つ一方で、ゼミやクラブ活動では「肉食系」女子大生が幅を利かせ、男子学生を顎で使っていました。後期高齢者世代の学生時代とはキャンパス風景が全く違います。

それでは、ゼロ成長時代の今の学生は不幸でしょうか。そんなことはありません。高度成長時代の学生よりもお金の使い方が抜群にうまくなっています。限られたお金を上手に使い、安くて満足度の高い製品やサービスを購入する術に優れています。インターネット、パソコン、タブレット、スマホなどを巧みに駆使します。就職活動のためのエントリーシート（履歴書）をはじめ、旅行先の旅館・ホテル、レストラン、習い事探し、さらに日常の生活用品から衣類、電気製品などの買い物などはほとんどインターネットで対応します。百貨店などに代わって、アマゾンのような通販会社が急成長してきた背景には、若者中心に広がるＩＣＴ革命があります。

ライフスタイルにも大きな変化が起こっています。シェアリングエコノミー（共有型経済）の登場もその一つです。例えばマンションの若い住民は自家用車を持とうとせずカーシェアで満足し、一つの住居空間を何人かで利用するルームシェアなども急速に普及しています。所有にこだわらないことで、一人当たりの費用を大幅に節約しています。これらはＩＣＴ革命によって可能になりました。

●ＩＣＴ時代に取り残された「旧人類」たち

実は、この分野こそ後期高齢者が最も苦手な世界です。日本でパソコンが広く利用されるようになったのは１９９５年頃からです。私の世代の後期高齢者はこの頃から続々と定年を迎えました。

新聞社でもこの頃から記者にワープロ（ついでパソコン）を配り、キーボードで原稿をうつことが求められるようになりました。ＩＣＴ革命になじめず、数年後に定年を迎える先輩のベテラン記者の中には、「ワープロだと記事に艶がなくなる」「キーボードをたたくと、思考がまとまらなくなる」と理屈を並べ、断固ワープロ入力を拒否する猛者《もさ》も何人かいました。新聞社側ももちろんこうした抵抗は織り込み済みだったため、手書きとワープロのどちらもＯＫという併用期間を数年見込んでいました。そうしたベテラン記者の引退とともにワープロ、そしてパソコンの時代になりました。

ＩＣＴ嫌いは私と同じ後期高齢者組では多数派です。ゼミやクラスの同期会を開くと、パソコンやスマホ、タブレットなどを積極的に活用している仲間は１割程度に過ぎません。パソコンを利用している者でも、パワーポイントでの資料作成やエクセルの利用までは踏み込めず、メールのチェックと短文の送受信がやっとです。携帯電話でいえば、ガラケー（ガラパゴス携帯）までで、スマホまでは進めません。

すでに指摘しましたが、ゼミやクラスの仲間の多くは定年間際には、大企業の部長職、役員などでした。彼らには優秀な部下や秘書がいて、事業計画を説明するためのパワーポイントや売上や利益計算などはエクセルを使って完璧に処理してくれます。コピーなども秘書がやってくれます。この時期にパソコンなどのＩＣＴに少しでもなじんでおけば、それからの人生に大きなプラスになったと思います。部長、役員時代の5～6年の実務の空白が、彼らをＩＣＴ時代の旧人類にしてしまったわけです。最近の同期会での話題は、健康問題と孫自慢が中心です。かつては日本経済の針路や国際情勢の対応に口角泡《こうかく》を飛ばす議論が盛んだったのですが、今やその面影はありません。

●大学教員は個人事業主みたいだね

時代の大きな転換期の今、様々な問題が起きています。国内的には膨れ上がる財政赤字対策、マイナス金利の評価、東京電力福島第一原発事故とその後の処理など。外に目を向ければ中国の台頭と習近平国家主席の野望、ブレグジット（英国のＥＵ離脱）やトランプ米大統領の登場による既存の世界秩序の崩壊、温暖化対策を定めたパリ協定をどう実現していくかなど、問題が山積しています。10年前なら、これらの問題をめぐって2次会、3次会まで尽きぬ議論に熱をあげたことでしょう。しかしその熱気はすでにどこかにいってしまい、隠遁者の集まりに変わったのはなんとも寂しい限りです。

私は60歳で新聞社を退社すると、私立大学の教授に転身しましたが、赴任して分かったことは、大学の教員は大学名という共通の看板を掲げていても実際には個人事業主のような存在だということです。大学からの事務連絡、1週間の授業日程表、教授会や各種研究会の日時などはすべてメールで私のパソコンに送られてきます。一方、大学側に提出する科目ごとのシラバス（授業計画）、毎回の講義資料などはパワーポイント、エクセルなどを駆使し自分で作成します。授業や研究に必要な資料やデータ集めはインターネットをフルに活用します。インターネットで集めた図表をシラバスに挿入、印刷する手法なども含めＩＣＴに必要な技術を助手や准教授などの若手に手取り足取りで教わり、なんとか習得できました。おかげで私はＩＣＴ時代の旧人類にならないで済みました。といっても、ＩＣＴは日進月歩で進歩しているので、とてもすべてをカバーする能力はありません。ICTの新人類グループの最後列で時代に遅れないように必死でもがいているのが現実です。

●発想の転換で頑張ってみるか……

人口に占める高齢者比率が高い社会は成熟社会で落ち着いていますが、若者中心の社会と比べれば元気がないことも確かです。厚生労働省が2020年7月に発表した19年の日本人の平均寿命は女性87・45歳、男性81・41歳で、いずれも過去最高を更新しました。国際比較でも女性は香港に次ぎ世界第2位、男性は3位の長寿国です。厚労省は「医療技術の進歩に加え、健康志向が高まっている。自殺者が減ったことも影響している」と指摘しています。

長寿国日本は世界に誇れる快挙ですが、その裏側では様々な問題も発生しています。医療保険の赤字や介護費用などが増え、財政悪化の大きな原因になっています。日常生活でも多くの問題が起きています。例えば、振り込み詐欺の被害者は高齢者に集中しています。徘徊によって家族に大きな負担をかけたり、出口と入口を間違えて高速道路を逆走し事故を起こしたり、ブレーキとアクセルを踏み間違えて人身事故を起こすなどの問題が、高齢者に多くみられます。特に75歳以上の後期高齢者の割合が圧倒的に高くなっています。人生を75年も生きれば、体力が衰える、免疫力が低下し病気になる、目・鼻・耳・舌・皮膚の五官も劣化してきます。認知症も増えてきます。高齢者が原因の様々な事故や悲劇を見たり聞いたりすると、後期高齢者の一人である私は肩身が狭く、情けない気持ちに陥ります。

「だが、待てよ」ともう一人の私が叫びます。ひと口に高齢者と言っても千差万別です。病院や高齢者施設で治療や介護を受けている人がいる一方で、心身ともに健康で現役として働いている人もいます。同じ75歳でも50歳台に見える人がいる半面、90歳の老人に見える人もいます。大雑把に分けると、心身共に元気で、退職したあとも趣味や仕事を見つけて頑張っている人の方がはるかに多いように思います。振り込み詐欺の被害者、高速道路を逆走して事故を起こす人などは、ニュースになるので注目されてしまいますが、実はほんの一握りの人ではないでしょうか。心身ともに健全で、現役を退いた高齢者が密かに心の奥で願っていることは何でしょうか。

ボケ防止のために何か良い対策はないかな、退職金を取り崩さず、旅行やゴルフ、外での食事、孫へのプレゼントなどに使える小遣いがあるといいな、今さら恋愛というわけにはいかないが時にスリルのある時間が過ごせると人生が躍動して楽しいな――

こんなささやかな思いではないでしょうか。

高齢者でもその気になって少し努力すれば、ちょっとした小遣い稼ぎができ、ボケ対策にもなるうまい方法があります。「石橋攻略」に基づくネット株取引です。

●現役世代の資産形成にも役立つ

金融庁が2019年6月に公表した「高齢化社会における資産形成・管理」と題した報告書が大きな話題になりました。報告書は、人生100年時代を過ごすためには「年金だけでは2000万円不足する」というショッキングな内容だったためです。

例えば年金生活の高齢者夫婦（夫65歳以上、妻60歳以上）の場合、年金などの収入約21万円、支出26・3万円で、月約5万円足りません。夫婦が100歳まで生きると、約2100万円不足してしまいます。

現状の政府の財政事情から将来を展望すると、継続的な人口減少を背景に今後ゼロ成長、マイナス成長が見込まれるため、30年後の財政事情は深刻化の一途をたどり、人生100年時代の高齢者は年金だけではとても暮らすことができそうにありません。

日本は社会主義国ではないので老後の生活を政府が100％保障する仕組みには

なっていません。ただ、平均的日本人が老後を楽しく健やかに過ごせるように生活費のかなりの部分を賄うために年金制度があるわけです。年金支給額が多いほど望ましいわけですが財政事情がそれを許しそうにありません。年金で不足する部分はあれこれ知恵を働かせて自助努力で賄うしかありません。

●老後の2000万円の貯め方

「石橋攻略」は300〜500万円程度の余裕資金があれば、年齢、男女、職業を問わず誰でも取り組むことができます。現役の社会人が節約に努め、50歳までに500万円の余裕資金を貯めたとしましょう。「石橋攻略」で運用すると、老後に必要な2000万円を何年で貯めることができるでしょうか。

投入資金の10%を毎年稼ぎ出し、それをすべて再投資する場合を考えてみましょう。複利計算をすると、500万円は8年目に2倍の1000万円になります。その8年後には2000万円を超えます。その時、彼はまだ66歳です。もし15%で運用できれば5年後に1000万円に達し、10年後の60歳で2000万円に届きます。「チリも積もれば山となる」です。

株式投資が若い人に大きな壁となっているのは、一定額のお金（金融資産）が必要なことです。200万円なり300万円のまとまったお金が欲しいですね。それまでは節約やアルバイトで地道に貯めるしかありません。

もっとも、ネット株取引の実際、ABCを会得したいと思っているなら100万円程度で実験を兼ねて小口の売買をお勧めします。「石橋攻略」は安全第一を重視するので、初心者は現物取引だけに集中してください。2、3年、現物取引で売買のタイミング、相場観をしっかり身に付け、そのうえで余裕と好奇心をお持ちの方はリスクの大きい信用取引に挑戦する選択もあります。信用取引は怖い、自分に向いていないと思う人は、現物取引に集中してください。それでも1割の利益は十分確保できます。

ただし、200～300万円を証券会社に預け、ハイリターンを求めて信用取引枠（預入金の3倍）をフルに使って勝負したい人には、「石橋攻略」は全く不向きで参考になりません。

次章の「石橋の上手なたたき方、渡り方」は、9年間あれやこれやの試行錯誤から導き出した「ローリスク・ほどほどリターン」投資術を公開したものです。2012年から本格的に「石橋攻略」を始めましたが、その過程で「ああした方がよかった」、「あの時こうすべきだった」などの反省点は毎日のように発生しています。読者の皆さんも、本書を参考に実践と工夫を積み重ね、自分なりの「ローリスク・ほどほどリターン」の決定版をつくりあげてください。

●9年間、毎年平均16・6%の利益を確保

この章を締めくくるにあたって、「石橋攻略」の9年間の実績を見ておきましょう。本格的に取引を始め、記録を取り出したのが2012年初めからです。20年までの9年間の実績が次ページの「9年間のネット株取引の実績」です。元金は約2000万円で、利益はすべて税引き前のものです。年間損益をご覧ください。14年のように赤字になった年もあれば、15年のように600万円を超える黒字を出した年もありますが、9年間の年間損益合計は約2357万円の黒字でした。また配当金は9年間で約639万円でした。つまり9年間で約3000万円を稼ぎ、年間平均利益は約333万円になりました。投入資金（元金）の16・6%の利益です。この間、元金の目減りはありませんでした。「ローリスク・ほどほどリターン」、つまり元金を減らさず16%超の利益が達成できたことになります。

「石橋攻略」の収入の大半は現物取引と信用取引で得たもので、表の年間損益がそれに

9年間のネット株取引の実績

暦　年	年間損益	配当金	合　計
2012年	4万6173円	58万1700円	62万7863円
2013年	372万3644円	62万1200円	434万4844円
2014年	−32万6517円	49万7550円	17万1033円
2015年	664万5848円	57万3790円	721万9638円
2016年	24万2074円	75万6150円	99万8224円
2017年	354万2856円	71万9615円	426万2471円
2018年	307万4277円	89万9350円	397万3627円
2019年	253万0698円	95万0010円	348万0708円
2020年	409万2926円	79万6720円	488万6946円
合　計	2357万1969円	639万6085円	2996万8054円

あたります。しかし配当金も実は大きな戦力になっています。配当金は企業の業績によって大きく変動し、不況で業績が落ちれば配当金も減額されるし、逆に好況で業績が改善すれば配当金も増額されます。表の配当金（税引き前）は保有している現物株から得られたものです。

配当金の欄をご覧ください。配当金は年度末の3月期決算配当と9月の中間配当を加えたものです。配当金が最も少なかった年が14年、最も多かった年が19年で約95万円です。9年間の年平均配当金は約71万円です。

年間平均配当金が70万円を上回っているのは、優良株でかつ配当金の高い銘柄、例えばメガバンク、損保、商社、製薬、トヨタなどの自動車などを意識的に選んで購入している結果です。現物株の場合は、信用取引と違って6か月の制約がありません。株価が購入価格を下回っていても焦らず、「待てば海路の日和あり」で気長に待っていれば、購入価格を上回る日が来る可能性は高いといえます。それまでは配当金を楽しみにしていればよいわけです。預貯金金利が実質的にゼロに近い状態では、現物株の配当金は大きな魅力です。

20年の日経平均はコロナ・ショックの影響で3月19日には終値で1万6552円まで下落しました。ショックの影響を受ける前の2月6日の終値は2万3873円だったので、下落幅は7321円にもなりました。その後、コロナ対策としての財政支出の拡大、日銀の量的緩和拡大による企業支援などに支えられ、株価は徐々に回復、8月中旬にはショック前の2万3000円台まで回復しました。同年後半には、11月の米大統領選で民主党のバイデン候補が勝利したこと、コロナウイルス対策のワクチン開発と接種開始、米連邦準備理事会（FRB）の量的緩和策の継続、さらに円換算で約93兆円の追加経済対策法案が成立したことなどの相乗効果でNYダウを押し上げ、11月24日には初めて3万ドルを超えました。12月も上昇は止まらず、最終日31日の終値は史上最高値の3万0606ドルまで上昇しました。NYダウにあおられるように日経平均も上昇速度を速め、11月17日に2万6000円台に乗せ、12月29日には

2万7000円台を一気に突破、同日の終値は2万7567円と31年ぶりの高値となりました。この結果、私の20年の最終利益は、約409万円、利益率は24・4％に達しました。

●人間の欲のコントロールは至難の業

表の年間損益をもう一度ご覧ください。年間黒字が少なかった翌年は黒字が拡大し、その翌年は減少する傾向が読み取れます。なぜこのような現象が起こるのかですが、突き詰めていえば、人間の「欲」に起因しているように思います。例えば、13年は372万円の黒字を達成しました。この年は利益確定できる銘柄が多く、手持ちの信用銘柄はほとんど売却してしまいました。手元に信用銘柄がなくなるとなんとなく手持ち無沙汰に陥ります。株価は来年に向け騰勢を維持するような錯覚に陥ってしまいます。11月後半から12月にかけて、メガバンクや製薬株など上昇すると見込んだ銘柄が少し下落すると「押し目買い（注5）のチャンス」と判断して購入しました。年が明けても株価は下落、その都度、買い続けた結果、信用取引が大きく膨らんでしまいました。

6か月過ぎても株価は大きく下落したままで結局損切りに追い込まれました。当時の記録を見ると、損切り額は14年5月が90万4000円、6月61万3000円、7月74万2000円。この3か月だけで、約226万円の赤字を出してしまいました。年半ばでこれだけ赤字を出すと、秋以降頑張っても収益の改善は難しく、14年は年間で32万7000円の赤字になってしまいました。後で振り返ってみると、押し目買いの安値と判断した株価が、実際には高値買いだったことが分かります。判断を狂わせたのは、前年に儲かった経験に引きずられ、来年はもっと稼げると勘違いし、手持ちの信用銘柄を増やし過ぎたためです。もっと儲けてやろうという「欲」が、無謀な高値買いを誘発したのだろうと自己分析しています。

この反省から15年は6年間で最大の利益を出しましたが、16年は再びわずかな黒字に止まりました。「14年の悲劇」は、頭の中にインプットされているはずでしたが、やはり11～12月に利益確定で手持ちの信用銘柄が極端に不足したため、それを補おうと高値買いをしてしまいました。その結果16年5月の損切りで109万3000円の赤字、6月は56万9000円の赤字を出してしまいました。同じ間違いを続けた愚かしさに我ながら愛想が尽きます。

この年の11月の米国大統領選挙でトランプ氏が当選すると、予想に反してNYダウが上昇、それに引きずられ日経平均も急騰しました。このトランプブームのおかげで、12月は42万7０００円の利益が得られ、年間でもかろうじて黒字を維持することができました。

17年は過去2度の失敗から、11～12月に信用銘柄が減少しても高値買いをしないように自重しました。信用取引が拡大している時には､信用銘柄が最大で40本以上､購入額が２０００万円を超えることもありました。17年12月の取引が終わった段階で、翌年に持ち越す信用銘柄はわずかに7本、信用取引額は２１０万円程度まで減少しています。翌年の現物買いの資金が豊富に手元に残りました。

信用取引を増やすとリスクも拡大します。それを軽減させるための一つの工夫が｢現物と信用のベストミックス」ですが、この点については3章であらためて説明します。年間損益欄には、9年間の数字の変遷が書かれているだけですが、その数字の裏に波乱に富んだ小さなドラマがいくつもあることがお分かりいただけたと思います。そのドラマが小さなリスクとスリル、緊張をもたらし、それがシルバー世代のボケ防止に役立ちます。

◇ケインズの美人投票◇

投資家の行動について、ジョン・メイナード・ケインズは、美人投票に例えて次のように述べています。今、投票者に100人の女性の写真を見せて、最も美人だと思う人に投票してもらい、最も票の多かった美人を言い当てた人に賞品を出すというコンペをします。この場合、投票者は自分が個人的に美人だと思う人にではなく、投票者の多くが美人と思うだろう人に投票しないと賞品がもらえません。自分が考える合理的な行動と市場の期待はしばしば大きく乖離しがちです。

美人投票に見られるような現象が金融市場では頻繁に発生します。数年前、北朝鮮が突然弾道ミサイルを発射しました。ミサイルは北海道の襟裳岬上空を飛び越えて太平洋に落下しました。このニュースで東京為替市場は大混乱、安全通貨とされる円が急騰しました。その直前まで109円30銭前後で推移していた円が、108円30銭前後まで跳ね上がりました。冷静に考えれば、ミサイルが落下して被害を受ける可能性が高いのは日本です。この場合、円は安全通貨ではなくリスク通貨なので、円安になってしかるべきです。しかし外為市場では円が買われ、円高が進みました。地政学リスクが高まれば、「円買い」という思い込みがこの数年、世界の投資家の頭の中に刷り込まれています。だから、本当は円がリスク通貨だったとしても、その瞬間には市場参加者が、いっせいに円買いに走るという「不可解な」現象が起こってしまいました。自分の判断よりも市場全体がどう動くかの空気を素早く見抜いて行動することが株の売買では求められているのです。

注1（**ナスダック**）＝全米証券業協会（ＶＡＳＤ）が1971年に開設した店頭株式市場。マイクロソフト、インテルなどハイテク関連企業を中心に5000社を超える企業が登録している

注2（**ほどほどリターン**）＝「ローリスク・ほどほどリターン」を「ハイリスク・ハイリターン」と対比して英語表記する場合、「ローリスク・ミディアムリターン」と呼ぶことがあります

注3（**特定口座**）＝口座には特定口座と一般口座があり、特定口座を選択すると証券会社が売買損益を計算してくれ、1年間の売買を計算した「年間取引計算書」が翌年1月末に送付される。特定口座では「源泉徴収あり」「源泉徴収なし」が選択でき、ありを選択した場合、翌年の確定申告をしなくても自動的に納税される

注4（**損切り**）＝株価が購入価格を下回っていても売却して損失を確定すること。損失額の拡大を防ぐのが狙い

注5（**押し目買い**）＝株価が上昇している局面で、一時的に株価が下落した時に買いを入れる手法。相場用語では株価が下落することを「押す」と呼ぶことからこう呼ばれる。似た表現で「ナンピン買い」は、保有銘柄の株価が下がったときに買い増しして平均購入単価を下げること

2章　石橋の上手なたたき方、渡り方

株取引といえば「ハイリスク・ハイリターン」の世界。素人には怖くてとても手が出せない世界だと考えられてきました。事実そうした面もあったと思います。ところがICT革命によってネット取引が可能になってきました。ネット取引は従来の株取引ルールを根底から変革し、株の運用に当たって「ローリスク・ほどほどリターン」への道が開けました。

コツコツと大切に貯めたお金は、銀行や郵便局に預けるのが最も安全だと多くの日本人は考えてきました。特にシニア層の間では、預金信仰はとても強いと思います。だが実質ゼロ金利の時代が30年近くも続くなかで、銀行に預けてもお金がほとんど増えないことに失望しています。もし銀行預金をネット株の運用に振り向け、元本を減らさずに、投入資金の1割程度の利益が得られる手法があればこんな結構な話はありません。

そんなうまい話があれば自分もやってみたいと思われる方は少なくないと思います。しかしネット株でも、これまでのように「ハイリスク・ハイリターン」を目指して信用枠をフルに活用して運用すれば、大やけどをしてしまうでしょう。ネット株取引を上手に運用し、「ローリスク・ほどほどリターン」を目指すためには、石橋をたたいて渡るような慎重さ、ハイリスクの部分をできるだけ封印するための様々な工夫、安全対策が必要です。この章では石橋の上手なたたき方、渡り方について説明しましょう。

●基本は安値で買って、高値で売る

株取引の基本は、安値で買って高値で売り、その差益（売却益）を得ることです。これは何も株だけに限ったことではありません。外国為替取引でも同じことが言えます。もっと広げて言えば、安値買い、高値売りで差益を得ることは、市場経済の大原則と言ってもよいでしょう。

この大原則が成り立たなければ、市場経済は機能しません。例えば、メーカーは原材料を低価格で入手し、加工などの付加価値を加えた製品を作り、市場でできるだけ高い価格で売ることで利益を得ます。スーパーや百貨店などの流通業界でも、安値仕入れ、高値売りで儲けが得られます。銀行だって、預金者に支払う預金金利よりも高い金利で事業者や住宅ローン利用者らにお金を貸します。その預貸金利差が銀行の主要な収入源になっています。

市場経済は、市場参加者の競争が原則ですから、できるだけ安い価格で仕入れ、できるだけ高い価格で売ることが勝者への道となります。しかしこれは簡単に見えて、実はなかなか難しいことです。市場にはさまざまな人が参加してきます。自分では安く仕入れたと思っても、それ以下で仕入れる人が現れれば優位性がなくなるし、高く売ったと思っても、それ以上の高値で売り抜けるライバルが出てくるかもしれません。

株式も安値で買って高値で売れば儲けが得られますが、安値で買ったと思っても、逆にそれ以下に価格が下がれば損をしてしまいます。株取引の原理は簡単ですが、それなりの相場観を磨き、損をできるだけ回避するためのノウハウを身につけないととんだやけどをしてしまいます。

●短期の株価動向は専門家でも予測困難

証券会社や機関投資家（生命保険会社、損害保険会社、信託銀行、ヘッジファンドなど）などの専門家でさえ、長期的な展望は別として、直近の株価動向を予測することは難しいものです。テレビ東京が毎朝、月曜日から金曜日まで放送しているニュース番組「モーニングサテライト」（朝5時45分～同7時5分）では専門家が「今日の株価予想」をしています。当たる場合もありますが、外れる場合もかなりあります。それでも、毎朝、彼らの予想を見るのは、「どのような理屈、判断で今日の株価を予想しているのか」、その理由を知りたいためです。

外れる場合があるのに、なぜ毎日、専門家の予想をチェックする必要があるのでしょうか。それは、株価予想における「独り善がり」を避けることができるからです。株価の動きを予想する場合、肝心なことは、自分がどう予想するかではなく、世間一般の人々がどのように予想するかを予想するのが、重要なのです。株価は世間の大多数の人が上がると思って株を買えば、実際に上がります。下がると思ってそれを売れば、下がります。世間の多くの人がどのような予想を持っているかが一番重要なわけです。自分勝手な予想を抑え、「世間一般の予想」を冷静に予想することが、売買での勝ちにつながります。

その意味で、専門家や一般の人たちがどのような材料を重要視して予想を立てているかを知ることができる番組のチェックは、大いに役立ちます。独り善がりの予想を避けることができます。企業の技術開発を特に重視する専門家や、情報産業など特定の業界に精通した専門家、あるいは海外市場の動向を常に気にしている専門家など、いろいろな専門家がいます。中には、「理路整然と間違っている」専門家もいます。彼らの成績を採点しながら楽しむのも、面白いと思います。世の中の人はどういう材料やデータを使って株価を予想しているのかが分かり、大いに勉強になります。

毎日の株価予想をしている専門家に聞いても、短期的な株価動向を正確に言い当てる確率は、「フィフティ・フィフティ（50対50）だ」と言っています。それでは、ズブの素人とあまり変わりがないと言えばその通りです。正確な予想が難しいから素人にもチャンスがあるわけです。市場は複雑な人間心理を反映する場であるため、損をする人、利益を得る人が出てくるわけです。

長期的な株価は経済のファンダメンタルズ（GDPや雇用、物価、為替、国際収支など経済の基礎となるデータ）の影響を大きく受けるので、上がるか下がるかを予想することはそれほど難しくはありません。しかし、直近の今日の株価、明日の株価を正確に予測することはとても難しいことです。

ここ数年を振り返っても、「アメリカ・ファースト」を掲げてトランプ大統領（当時）が毎日のように発信したツイッター、北朝鮮をめぐる地政学的リスク、国内に目を転ずれば森友学園への国有地売却問題や加計学園グループの獣医学部新設計画をめぐる問題、新型コロナウイルスへの対応などさまざまなニュース、情報が株価にどのような影響を与えるかを総合的に判断し、読み解くのは至難の業です。というよりも、不可能といった方がよいかもしれません。

市場参加者の多様な見方、読み方、判断が最終的には株価に投影されるわけです。自分の見方通りに上がれば「してやった」とうれしくなるし、外れて下がれば「なぜだ」と不機嫌になります。たかが価格が数円上がったり下がったりするだけですが、お金がかかっているだけに、日常生活では得られないわくわく感、スリルが得られます。

株の世界では、ある上昇局面で大儲けをしても、次の下降局面で大損をしてしまい、結局大負けしてしまうケースが頻繁に見られます。一昔前の投資家は見栄っ張りの人が多く、儲けた時の話は得意げに自慢しますが、損した話はひたすら隠すため、成功話も「話半分」で聞く必要があります。「石橋攻略」は、そんな派手な儲けは期待していないので、見栄をはる必要がなく、気楽です。初心者はリスクの大きい信用取引ではなく、現物取引のツボをまずマスターすることです。

●安心できる東証1部上場銘柄に絞り込む

日本には4つの証券取引所があります。東京証券取引所（東証）、名古屋証券取引所（名証）、福岡証券取引所（福証）、札幌証券取引所（札証）です。その代表格は東証です。東証はかつて国内2位だった大阪証券取引所（大証）と2013年に合併したため、残りの3証券取引所と比べ、規模が断然大きくなりました。私たちが取引する株式のほ

東京証券取引所の上場企業数

（2020年12月末現在、カッコ内は外国企業数）

市場の種類	企業数
第1部	2187（1）
第2部	476（1）
マザーズ	347（1）
ジャスダック（スタンダード）	668（1）
ジャスダック（グロース）	37（0）
東京プロマーケット	41（0）
合計	3756（4）

とんど、99％は東証の銘柄です。

東証には5種類の市場（表参照）があります。第1部市場（1部）は国内外を代表する大企業が名を連ねている市場です。第2部市場（2部）は中堅クラスの企業が多く参加しています。1部、2部の違いは上場するための条件、例えば会社の規模や財務内容が異なります。1部の方の条件が厳しくなっています。

マザーズは将来東証1部への上場を目指す企業が主に上場しています。一方、ジャスダック（JASDAQ）に上場している企業はIT企業などが多いのが特徴です。ジャスダックはスタンダードと、成長性は高いがリスクも大きいグロースの2種類に分かれています。通常私たちが取引するのはスタンダード銘柄です。この他にプロ投資家向けの東京プロマーケットがあります。表からも明らかなように、1部上場企業が2000社を超え最も多く、次いでジャスダック、2部などとなっており、上場企業数は20年12月現在、3700社を超えています。

3700社を超える上場企業の中からどの銘柄を選んだらよいでしょうか。

「石橋攻略」は1部上場企業の銘柄に的を絞ります。マザーズやジャスダックのような新興市場には、将来急成長し、大化けしそうな銘柄が数多く存在しています。ある企業に関する特別の情報、例えば、「ジャスダックのA社は特別の技術を開発したので、株価はこの先1年で2倍は確実だ」などという信頼に足る情報が手に入るなら別です。普通の会社勤めの人、専業主婦、年金生活の高齢者などが手に入れることができる情報は、新聞、テレビ、インターネットなどの公開情報が中心です。ですから、特別な「耳寄り情報」を持たないという前提で投資をするなら1部上場企業が比較的安心です。

1部上場銘柄は大化けこそあまり期待できませんが、大企業が多く、企業業績、財務内容もしっかりしており安心です。それでも、1部上場企業は2000社を超えており、その中から有望銘柄を絞り込むことは至難の業です。

◇東証 最上位市場「プライム」など22年4月再編へ◇

東京証券市場は現在、1部、2部、マザーズ、ジャスダックなどですが、それぞれの市場の性格、特徴が必ずしも明確ではありません。ロンドン市場やフランクフルト市場、世界最大のニューヨーク市場などは「最上位市場」として世界の投資家に人気があります。日本の1部上場企業はトヨタやソニーなどの優良企業の他に、時価総額数十億円の小粒の企業が混在しています。金融グローバル化にふさわしい「最上位市場」が日本でも必要だという声を受けて、金融庁は2019年12月、「東京証券取引所の市場改革に関する報告書」をまとめました。報告書は既存の4市場体制を「プライム」（最上位市場）、「スタンダード」（中堅企業向け）、「グロース」（新興企業向け）＝いずれも仮称＝の3市場にくくり直す提案ですが、焦点だった時価総額の小さい企業を降格させる線引きは雇用や資金調達への影響が大きいとして見送られました。ただし新規に「プライム」に上場する場合は、時価総額や財務内容などに厳しい規制が課せられます。

金融庁はこの大枠に基づいて具体的な制度設計を東証に委ね、東証は昨年末（20年12月25日）再編の大枠を決定し、発表しました。東証では他市場からプライムへ昇格上場する条件として必要な時価総額基準を「250億円以上」にする方針です。東証1部でこの基準を満たさない企業約600社ありますが、今回の再編では格下げを見送ります。また現行のTOPIX（東証株価指数）は1部上場のすべての銘柄を対象にしていますが、新TOPIXは時価総額が100億円を上回るなど流動性の高い銘柄に絞りこむ方針です。新体制は22年4月1日に一斉移行の予定です。

●さらに日経平均225銘柄から選ぶ

そこで次に着目するのが「日経平均225」です。

東証1部の株価動向を知る代表的な指標として日経平均株価とトピックス（TOPIX）の二つがあります。日経平均株価は日本経済新聞社が1部に上場している有望銘柄の中から特別に選んだ225銘柄の平均株価指数です。トヨタ、ホンダ、ソニー、パナソニック、キャノン、ANA、キリン、三菱UFJなど、日本を代表する優良企業がずらりと名を連ねています。

次ページの表は日経平均225銘柄の業種と企業数です。最も多いのが電気機器で28社、次いで化学が17社、機械15社、非鉄金属・金属製品11社、自動車・自動車部品

10社など製造業が目立ちますが、サービス業13社、銀行11社など第3次産業部門も増えています。

日経平均は必ずしも1部上場銘柄すべての株価変動を反映しているわけではありません。ファーストリテイリング、ファナック、ソフトバンク、日電産などのように、値がさ株（株価が高い株）の変動が日経平均に大きな影響を与えることがしばしば起こります。また毎年、時代の変化に合わなくなった銘柄が外され、時代に適合した銘柄が組み込まれるなど銘柄の一部が入れ替わります、日常の株取引に当たっては、日経平

日経平均225銘柄の業種と企業数

（2020年12月現在）

食品（11社）、繊維（4社）、パルプ・紙（2社）、化学（17社）、医薬品（9社）、石油（2社）、ゴム（2社）、窯業（8社）、鉄鋼業（4社）、非鉄金属・金属製品（11社）、機械（15社）、電気機器（28社）、造船（2社）、自動車・自動車部品（10社）、精密機器（5社）、その他製造（4社）、水産（2社）、鉱業（1社）、建設（9社）、商社（7社）、小売業（7社）、銀行（11社）、証券（3社）、保険（5社）、その他金融（2社）、不動産（5社）、鉄道・バス（8社）陸運（2社）、海運（3社）、空運（1社）、倉庫・運輸関連（1社）、情報通信（6社）、電力（3社）、ガス（2社）、サービス業（13社）

均の動向が大きな影響力を持っています。

一方、トピックス（TOPIX）は東証株価指数（Tokyo Stock Price Index）を指します。東証1部上場の全銘柄の時価総額（株価×発行済株式数）を、基準日（1968年1月4日）の時価総額を100として指数化したものです。トピックスの長期的な上昇は景気回復を確認する一つの有力な判断指標として重要です。

●銘柄選びの3条件

「石橋攻略」が重視する銘柄は、日経平均を構成する225銘柄の中から選びます。225銘柄の多くは、経営が安定しており、日経平均と連動して動く傾向が見られます。株価も安定しており、景気上昇局面では着実に上昇します。予期せぬ不祥事などが起こらない限り暴落するリスクも限られています。大儲けは期待できませんが、大損の危険性はほとんどありません。1年間の株価変動を十分理解し、安値で買い、高値で売れば1年を通してみると、投資額の1割程度の利益が期待できます。

例えば、20年のトヨタの年初来高値（8045円）と年初来安値（5771円）の変動幅は2274円です。変動幅を最高値で割った変動率は約28％です。ソニーの場合は年初来高値1万390円、安値5297円、変動幅5093円、変動率は約49％です。

「石橋攻略」では買値と売値の差額3％前後で利益を確定します。

今、トヨタを6000円で最小単位の100株購入し、6200円で売却すれば、税引き前2万円（200円×100株）の売却益が得られます。利益200円を6200円で割った変動率は3・2％です。年間10％以上変動する銘柄では、3％前後の変動はかなりの頻度で起こります。3％前後の変動で小刻みに売却益を得ることはそれほど難しいことではありません。

「石橋攻略」では、常時約20～30銘柄を選び出し、それらの銘柄の一部を短期間で繰り返し売買することで、売却益が得られるように運用しています。

それでは、225銘柄の中から約20～30銘柄をどのように選んだらよいのでしょうか。いくつかの条件があります。

〈①株価5000円以下の銘柄〉

第1の条件は株価が5000円以下の銘柄を選びます。5000円を上回る高価格の銘柄は、一日の変動幅が大きくうま味も大きいですが、下落の際の損失も大きくなります。リスク回避のためには、3000円前後の銘柄が望ましいと思います。初心者の場合は1000円前後の銘柄からスタートして、習熟度に応じて1000円～

2000円台、さらに3000円、4000円台の銘柄へ幅を広げていくのが望ましいと思います。

〈②配当率が高い銘柄〉

第2は配当率が高い銘柄を選びます。1部上場企業の多くは、年度末の3月期決算、9月中間決算を実施します。年間を通して配当率の高い企業を選ぶのは、万一、安いと思って買った株価が高過ぎ、半年、1年経っても売るタイミングがない場合が起こり得るからです。現物で購入した場合は、期限がないので買値を上回るまで持ち続け、その間配当金を得ることができます。信用取引の場合は、半年で決済しなければなりませんが、信用配当が得られます。

時代によって配当率の高い業種、低い業種は変化してきます。この数年で見れば、配当率の高い業種としては、メガバンクなどの金融、製薬会社、商社などがあげられます。もちろん業種とは別に、個別企業の中にも、配当率の高い企業はたくさんあります。四半期ごとに発行される「会社四季報」だけでなく経済新聞、経済雑誌、インターネットなどを通して配当率の高い企業を探すことができます。

〈③発行株式数が少ない銘柄〉

第3のポイントは発行済み株式数の少ない銘柄を選ぶことです。例えば同じ金融株でも、発行済み株式数の多い銘柄の価格変動は小さく、逆に少ない銘柄は変動幅が大きくなる傾向があります。売買差益を狙う場合は、発行済み株式数の少ない方が差益を得やすいのは言うまでもありません。

以上の条件を考慮し、私がこれまで売買の対象にしてきた銘柄は、三菱ＵＦＪ、三井住友、みずほ、りそななどの金融株、ＳＯＭＰＯ、野村などの金融関連、トヨタ、ホンダなどの自動車、武田、第一三共などの医薬品、ソニー、パナソニック、京セラ、キヤノン、コマツ、伊藤忠などです。みずほは発行済み株式数は多いのですが、配当率が高いのが魅力です。以前は日電産、ダイキン、信越化学、ソフトバンクなども売買の対象としていましたが、利益確定後も上昇を続け、１万円を超えてしまい再度の購入は高過ぎるため、残念ですが手を引いています。

●次のステップは夢ある優良企業探し

「石橋攻略」の初心者には安全第一の視点から、日経平均２２５の構成銘柄から始めるように勧めてきました。売買のタイミング、相場観などを養うために必要だからです。半年から１年程安全運転で経験を積んだ人は、次のステップに進む準備をしてください。日経平均225銘柄の他にも、1部上場銘柄の中には魅力的な企業がたくさんあります。さらに枠を広げて、東証2部、マザーズ、ジャスダック上場企業の中にも将来大きく飛躍しそうな銘柄が少なくありません。分野別でもICT革命から生まれてくるAI（人工知能）、あらゆるものをネットワークに接続するIoT、さらに5G（次世代通信規格）などの関連銘柄には製造業からサービス分野まで将来性のある企業が続々と登場しています。さらにiPS細胞（多能性幹細胞）の作製成功や遺伝子治療技術の進歩によって、ガンや心臓・脳障害などの難病に効く新薬の開発に取り組むバイオ関連企業、それに対応した医療関連機器の製造に携わる企業にも将来性があります。また小型ロケットの打ち上げや目的を明確にした人工衛星、宇宙旅行、燃料補給基地などの民間宇宙ステーション建設といった宇宙ビジネスへの挑戦も始まっています。夢のある優良企業に投資し、夢を買いながら適正な利益が得られれば一石二鳥というものです。宝物の企業を発掘するために根気強く研究してください。

●最低売買単位は100株に統一

次に銘柄の買い方について説明します。株式購入に当たっては売買単位が定められています。売買単位とは通常、銘柄購入の際の最低単位のことです。例えば、A銘柄の株式売買の最低単位は100株と決められています。株価は1000円とします。この場合、あなたが1万円を用意して10株購入したいと思っても購入できません。購入のためには10万円が必要です。売買単位が少な過ぎると、証券会社側の事務手続きが煩雑になってしまうからです。多過ぎると、本書の対象者である多くの勤労者、専業主婦、シニア層などにとっては金額が高くなってしまい、手が届きません。

株式売買単位は07年初め頃までは2000株、1000株、500株、200株、100株、50株、10株、1株と合わせて8種類もありました。煩雑過ぎて一般投資家は困惑してしまいます。この頃までは1000株単位が主流でした。例えば購入したい銘柄の一株当たり価格が3000円だとすると、300万円用意しないと購入できません。このような高額な投資資金を用意できるのは一部のお金持ちかプロの投資家に限られます。庶民にとっては縁のない世界と思われてきました。

株式をより多くの人に所有してもらいたいとの思いもあり、東京証券取引所などは07年11月から売買単位を100株に統一するように上場企業に働きかけてきました。この結果、上場会社の株式売買単位は18年10月までにすべて100株に統一されました。株式の取引単位が100株に統一されたことは、「石橋攻略」にとって大きなプラス要因です。初期投資が低額になるうえ、リスクも軽減できるからです。

●証券会社から借りて行う信用取引

株式売買は大きく分けて現物取引と信用取引に分けることができます。現物取引は証券会社に預けてある自分のお金の範囲でやります。例えば、一株3000円の株式を最低単位の100株購入すれば、証券会社にある自分の現金残高から30万円（実際には証券会社に購入手数料を払いますが、その分はここでは無視）が差し引かれます。30万円の現金が株式に換ったわけです。

信用取引では株を購入する場合は、現金残高は減りません。信用取引は自分のお金で買うのではなく、証券会社からお金を借りて購入する制度だからです。その代わり、借りたお金には毎日利子が加算されます。長く借りれば借りるほど支払い利子が増えます。信用取引は半年決済が通常のルールです。購入した銘柄の株価が上昇せず、期限ぎりぎりの6か月持ち続けると、金利はかなりの金額になります。6か月持ち続けても株価が買値以下の場合は損切りしなくてはなりませんし、金利もかなりの負担になります。

●現物と信用のベストミックス

「石橋攻略」では、最終的に現物取引と信用取引の「ベストミックス」（上手な組み合わせ）で利益を目指しますが、信用取引はリスクが大きいので、初心者はリスクの少ない現物取引に専念するように勧めています。現物取引は、自分が預けたお金の範囲で売買するので、金利負担がありません。信用取引のように売却期限がないので、購入後6か月が過ぎても買値以下であれば持ち続け、買値以上に株価が上昇したときに売却すれば利益が得られます。配当金も入ります。信用取引と比べリスクは大幅に軽減されます。まずは現物取引で相場観や売買のタイミングを習得し、自信が持てた段階で、現物と信用のベストミックスに挑んでください。

●小額でもパソコン操作で気安く購入

ネット取引が普及し、一般の人が気楽に株式市場に参入できるように取引制度が大幅に改善され、売買単位が１００株に統一されたことは大きな魅力です。例えば、メガバンクのみずほの株価は株式併合前の19年6月上旬の段階で約150円でした。100株購入するなら1万5000円で買えます。証券会社の店頭に出向いて、みずほ株100株を購入するのは、金額が少な過ぎて気恥ずかしい気がしますが、ネット購入ならそんな思いを抱かずパソコン操作で簡単に購入できます。トヨタのような値がさ株（6月上旬の価格約6500円）でも、最小単位なら65万円で買えます。ネット株が普及する以前、証券会社の店頭でトヨタ株を買う場合、500株、1000株単位の購入資金が必要だったと思います。

「石橋攻略」は、この小額購入のメリットを最大限活用するところに大きな特徴があります。例えば、1株1000円のA銘柄を500株購入するケースを考えてみましょう。

購入の基本は安値買いに徹底することです。株価が下がり、購入を決めた場合でも、500株を一度に購入する方法はとりません。株価は毎日変動するので、安いと思って購入しても、翌日さらに下落する場合もあります。100株（最小単位）、200株単位で、小刻みに購入することで、平均購入単価を引き下げることを目指します。

●小刻み買い入れで平均購入単価引き下げ

具体的なケースで考えてみましょう。

ある日、下落基調だったA銘柄の株価が1000円まで下がったので100株購入しました。これを基準にして、株価が安くなった時を見計らって買い増します。翌日は1030円に戻したので見送ります。さらにその翌日に970円に反落したので100株購入します。購入した200株の平均購入価格は985円です。翌週アメリカの雇用統計が悪化したため、その影響で株価は900円まで下落しました。ここで200株を購入します。合計400株の平均購入価格は942・5円です。どうやらこの辺が底値に近い感じがします。その翌週、株価は910円へ反発しました。残りの100株を910円で購入しました。この結果、500株の平均購入価格は936円になりました。

最低単位で小刻みに購入するのは、平均購入価格をできるだけ引き下げるためです。神様でもない私たち凡人が最低価格を的確に見つけることなど不可能です。そのために最低単位で小刻みに購入し平均購入価格を引き下げる努力が求められるのです。1000円で1度に500株購入する場合と比べてこのケースでは、購入資金が3万2000円節約できました。購入価格が低ければ低いほど売却する場合もプラスになるのは言うまでもありません。すぐ足元の短期的な株価動向を正確に予測することは不可能に近いので、試行錯誤を繰り返しながら安値を拾うやり方です。これが「ローリスク・ほどほどリターン」を目指すために必要な株式購入方法です。石橋攻略の重要なアプローチです。

●目が届く範囲の4～5銘柄に絞って購入

実際に取引を始めるに当たって、何種類の銘柄を選んだらよいでしょうか。投資金額によって異なりますが、ここでは1000万円の資金運用を考えてみましょう。1銘柄の購入金額を50万円（例えば1株5000円の株を100株購入）と仮定します。この場合、選択肢は複数あります。第1の選択は異なる銘柄を100株ずつ購入すれば20銘柄、合計保有株数は2000株になります。投入資金をすべて株式購入に振り向ける選択です。

第2の選択として、株式購入に充てる資金は700万円にとどめ、残りの300万円は現金として残しておきます。７００万円で株式を購入する場合、株価５０００円なら１００株単位で異なる銘柄を14銘柄購入できます。保有株数は合わせて１４００株になります。

だが「石橋攻略」ではこのいずれの選択もせず、第3の選択を採用します。初心者にとって、14銘柄の株価分析（その企業の業績、財務状況、この数年の株価動向など）は至難の業です。初心者にとっては、銘柄数が増えるとその銘柄に対する観察力が低下してしまいます。そこで初めはこれと思う株式を4～5銘柄に絞って、その銘柄についての財務状況、株価動向、特に過去1年程の間の安値、高値を見極め、安値と判断した時に購入します。

例えば購入銘柄を5銘柄に絞ったとします。この場合、4銘柄を３００株ずつ購入、残りの1銘柄を２００株すれば、保有株数は１４００株になります。別の組み合わせもあります。3銘柄については２００株ずつ、残りの2銘柄については４００株ずつ購入すれば、保有株数は同じ１４００株になります。このほかにも組み合わせは多数あります。内容を熟知していない14銘柄を１００株単位で１４００株保有するよりも、時間をかけて調べ上げた4～5銘柄の株式を２００株、３００株単位に絞り込んで購入する方がよほど安全です。

●運用資金の3割は現金で保有

初期段階では、株式の購入金額は投入した資金の7割程度、現金として3割程度残して様子を見ながら購入額を増やしていく慎重さが求められます。現金で残しておけば、予期せぬ押し目買いのチャンスにも対応できます。現金をすべて株式購入に振り向けてしまうと、身動きが取れなくなり、「この価格で買えば、近い将来必ず上昇する」という銘柄に直面してもなにも行動がとれません。

以上のケースは、運用資金が1000万円の場合です。「石橋攻略」は運用資金が1000万円以下、例えば500万円～200万円でも可能です。ただ運用資金が小さくなれば購入銘柄が少なくなるため、リスクが大きくなります。例えば5銘柄の場合、A銘柄が下落してもB、C、D、Eの4銘柄が上昇すれば全体の売却益が黒字になります。しかし資金が少なくA銘柄しか購入できなかった場合、A銘柄が下落すると赤字になってしまいます。

繰り返しになりますが一人の人間が多くの銘柄の株価情報を把握し、売買し、利益を出すのは不可能に近いです。多少経験を積んできた私でも最大30銘柄をカバーするのがやっとです。購入する銘柄の数年間の価格変動、直近の足元の変化、年間、月間の高値と安値、変動幅、季節性、決算時期、最近数年の配当実績、来期見通しなどをしっかり把握しなければなりません。そのうえで、今が安値で購入のチャンスと判断すれば踏み切ります。

取り扱う銘柄が多過ぎると、目配りがおろそかになってしまいます。最初の半年から1年は銘柄を数本に絞り込んで、売買を繰り返しながら相場観を養う慎重さと余裕が必要です。その間に残りの現金300万円で購入する新規の候補株を数銘柄選び、事前に研究しておきます。

●現物株も短期売買に徹する

「石橋攻略」は、現物取引で購入した銘柄も長期保有せず、短期売買を繰り返すことで利益を確保する戦略です。つまり一定の利益が確保できればたとえ昨日買った株でも翌日には売却する、価格が下がった段階でまた同じ銘柄を再度購入することを繰り返します。後で説明する信用取引の売買手法を現物株に応用したものです。これも「石橋攻略」の大きな特徴の一つです。

ネットトレードが普及するまでは、現物株については長期保有が一般的でした。特に高度成長期の株式投資は優良銘柄を選んでじっと持ち続ける戦略が効果的でした。ホンダ、ソニー、京セラなど当時の新興企業は積極的に増資を続け、業績を伸ばしました。この間、無償増資、株主割当増資などを通して株主を優遇してきました。株価は上昇を続け、配当金も毎年のように増えたため、10年も持ち続ければ一財産できました。新興企業でなくても、東京電力など経営が安定し配当金も大きい企業の株式は、資産家の父親が娘の嫁入りに当たって、「万一のための保険金」として、そっと持たせるのが甲斐性とされた時代もありました。優良な現物株は一生持ち続ける価値があると考えられていたわけです。私もネット株取引を始めた頃は、信用取引は短期売買、現物取引は比較的長期売買で対応してきました。

しかし時代は大きく変わりました。

特にバブルが弾けた1990年代に入ってからグローバル規模で企業間競争が激化しました。ＩＣＴ革命の急速な発展によって、スピード経営が求められるようになりました。経営破綻などありえないと思われていた大手銀行、証券会社、大手電機メーカー、電力会社などが様々な理由で倒産したり、救済のため事実上国有化されたりしました。

大企業といえども、いつ破綻するか分からない時代です。優良企業の現物株の所有者も、これまでのように長期保有を続けるメリットは薄れてきているように思います。高度成長期のように株主優遇制度がほとんどなくなってしまった今、買った株は売らないと利益が得られません。

それでも、現物株保有者の中には、購入後5年～10年と持ち続けている人は多いと思います。知人の一人は、「保有している株を売れば一定の利益が得られるが、そのお金で次に買う銘柄が分からないのでついつい持ち続けている」と言っていました。同じような悩みをお持ちの方は結構多いようです。

●1万円～2万円の差益を目指す

「石橋攻略」では、現物株も長期保有せず、信用取引同様に短期の売買を繰り返します。これはネット取引が始まったことで可能になった技ともいえます。一株3000円の株式100株を購入した場合、投資資金は30万円です。数日後3100円に上昇したとします。この段階で売れば1万円の利益が得られます。さらに3150円まで上昇すれば1万5000円の利益、3200円になれば2万円の利益が得られます。

保有し続ければさらに上昇するかもしれませんが、逆に下落するかもしれません。「石橋攻略」では差益が1万円～2万円程度になれば、ひとまず利益を確定します。これがほどほどリターンの基本的な考え方です。もう少し様子を見れば3300円まで上昇したかもしれませんが、その場合でも「損した」と悔やむことは禁物です。損したわけではなく、計画通り「1万円～2万円の利益を得た」ことを成功とみなします。この思い切り、割り切りが大切です。欲の皮が突っ張って「あー、損した」と嘆く向きには「石橋攻略」は不向きです。

1万円の利益が取れた段階で手を打つか、1万5000円まで待つか、2万円の利益まで頑張るかは、その株の上昇トレンド、別の言い方をすれば上昇の勢いで判断します。過去数日間に急激に上昇してきた株なら差益2万円が取れるかも知れません。逆に上昇が緩やかで購入価格から100円高になるのに時間がかかる株もあります。この場合は1万円の利益で確定した方がよい場合が多いと思います。株の勢いを判断するには経験に裏付けられた相場観が必要です。試行錯誤を繰り返していると自然に身に付いてきます。

購入時より高い価格で売却すると、購入時のお金と差益（儲けたお金）が現金として口座に戻ってきます。実際には証券会社に売買手数料を払うのでその分引かれますが、この程度の売買では手数料は数百円程度の金額なので気にすることはありません。

●株価が安い銘柄ほど購入単位を増やす

「石橋攻略」は株価と購入単位との関係を重視しています。1銘柄の一回の購入金額は上限50万円程度に抑えます。前述のように、初心者には一株5000円以上の銘柄には手を出さないようにアドバイスをしています。ここでは、1株5000円以下の株式購入単位の目安をまとめています。1株が3000円以上5000円までの株式を購入する場合は、一度の購入単位は最小の100株にとどめます。この時の購入金額は30万〜50万円です。

株価が1株2000円〜3000円クラスの場合は一度の購入単位を100株〜200株にし、購入金額の上限は30万〜40万円。また株価を1000円〜2000円クラスに下げた場合は一度の購入単位を200株〜300株に増やします。購入金額は30万〜40万円です。200円〜1000円の場合は一度に300株〜1000株を購入し、上限は20万〜30万円。200円以下の場合は一度の購入単位を1000〜2000株とし、購入金額の上限は20〜40万円になります。

購入額40万〜50万円前後の株価と株数

株の株価	購入資金
3000円〜5000円→100株	30万円〜50万円
2000円〜3000円→200〜100株	40万円〜30万円
1000円〜2000円→300〜200株	30万円〜40万円
200円〜1000円→1000〜300株	20万円〜30万円
200円以下→1000〜2000株	20万円〜40万円

このような買い方をするのは、1万円〜2万円程度の差益を短期間に得るための工夫です。3000円以上の株式を100株購入した場合、1万円以上の差益を得るためには株価が最低100円以上上昇することが必要です。株価が3000円以上の銘柄では、短期間に100円程度株価が上下するケースは頻繁に見られます。一般に株価が安くなるにつれて、変動幅も小さくなります。変動幅が小さくなった分、購入株数を増やします。

表の株価が2000円〜3000円のところをご覧ください。株価2000円の銘柄の場合なら、200株購入します。この場合、1万円以上の差益を得るためには買値より50円以上の上昇が必要です。この価格帯では、短期間に100円以上の上昇は難しいけれど、50円程度の上昇なら十分可能です。同様に株価が1000円前後の場合なら、一度に300株購入します。このケースなら35円程度上昇すれば1万円近くの差益が得られます。

●三菱UFJ、野村、りそなは500株単位で購入

株価が200円～1000円の価格帯なら、300株から最大2000株を購入します。19年6月上旬の野村、りそな、三菱UFJの株価は300～500円台です。この価格帯なら500株単位で購入します。購入価格より20円程度上がれば、1万円程度の差益が得られます。日経225銘柄の中には株価が200円以下の銘柄はそれほど多くはありません。

メガバンクの中では、20年10月1日にみずほが「株式10株を1株にする」と株式併合を発表する以前の株価は一株当たり130円前後でした。発行済み株式総数が他のメガバンクと比べ圧倒的に多く、その分株価水準が低くなっていました。1日の値動きも1～2円程度で安定していました。最低単位の100株の購入代金は1万3000円前後です。余裕資金が10万円しかない若者でも700株購入できます。仮に5円上昇すれば3500円の売却益が得られます。2000株（購入資金26万円）所有していて、5円以上上昇すれば、1万円以上の売却益が得られます。配当金は一株当たり年7円50銭だったので、配当金だけでも5250円になります。このため、若者に人気

がありましたが、併合により株価は10倍の1300円に上昇しました。2000株は200株に減少しました。最小単位でみずほを購入する場合は、これまでの10倍の資金が必要になります。このような株式の併合や分割は年に数社見られます。

近い将来、上昇が期待できる銘柄があれば、同じ銘柄を最低単位の100株だけでなく、200株、300株単位で購入することも選択できます。ただ、1度の購入に当たっては上限を40〜50万円程度に抑えるのが、「石橋攻略」の基本です。

●数日から1〜2週間、遅くても1か月程度で売却

自分が購入したいと思った銘柄をタイミングよく安値で買うことができたとしましょう。次にどのようなタイミングで売却したらよいでしょうか。「石橋攻略」の目標ははっきりしています。1万円〜2万円程度の差益が得られた時です。最も早いタイミングは午前に買って午後に売れるケースです。こんなケースもかなりあります。何かの理由で午前に安値で買った株価が午後に急騰する場合があります。年に何回かこんな幸運に恵まれることがあります。通常は早くて数日以内、次いで1〜2週間以内、遅くても1か月以内に売却できるような安値買いが理想です。

もちろんすべてが期待通りうまくいくわけではありません。高値買いをしてしまい、1か月、2か月過ぎても株価が買値以下で低迷している場合も少なくありません。その場合は持ち続けても構いません。その間、年度末の3月期決算配当、9月末の中間配当の時期をまたげば、配当率の高い銘柄ならかなりの配当金が受け取れます。

●現物株、長期保有から短期保有へ

現物株の売買はネット取引が普及する以前は、長期保有が一般的でした。高度成長期にはソニーやホンダのような優良株を長期保有していればかなりの財産を築くことができました。「現物株は長期に保有するものだ」という常識が定着したのは、右肩上がりの高度成長時代の産物です。しかし、バブルが弾けた後、株価は1990年代初めから20年以上下落・低迷し、大企業の倒産も例外ではなくなりました。バブル期から今日まで現物株を保有している個人株主の多くは株価の下落で資産が目減りし、苦い思い出が残っていると思います。

現物株も長期保有ではなく、短期売買の対象にして運用した方が費用対効果の面でプラスが大きくなっています。90年代はまだネット取引が普及していませんでした。しかし今日では自宅のパソコンで簡単に現物株の売買ができる時代が到来しています。

現物株も1年以上保有せず、年に数回売買するという原則で、押し目買い、高値売りに習熟してください。1~2年の試行錯誤を繰り返せば、そうした売買のタイミングが分かってきます。配当金が高く、損切りしてまで売却したくないと思う銘柄は1年以上でも保有し、価格が戻るまで待つのも正当な攻略法です。

売却後、証券会社の自分の口座に代金が振り込まれます。そのお金で、今回売却した銘柄の価格変化をしばらく観察し、購入可能な価格まで下落すれば、再び購入します。その時期が数日内か、週内か、月内にくるか、数か月先になるかは分かりません。その時々の景気動向や円相場、米金融政策の変化などに影響されるからです。株価があまり下がらない場合には、別の銘柄に切り替えるなど弾力的な対応も必要です。

●同じ株を何度も売買、「新幹線ソニー号」

「現物株を売却して利益を得たが、次に何を買ったらよいか分からず不安だ」こんな質問をよく聞きます。特別の情報をもたない個人投資家が他の有望銘柄を探そうとしても途方に暮れてしまうのは当然です。現金を遊ばせておくよりも何か買いたい、と焦ってインターネットなどで推奨されている特定銘柄に手を出し、株価の下落で大損してしまうケースもよく耳にします。

ちょっとした実話を紹介します。静岡県熱海市に住む友人からこんな相談を受けました。2018年2月初め、約5050円でソニーを500株購入したそうです。その後、5400円まで上昇したので売却してかなりの差益を得ました。このお金で別の株を買いたいのだが、何を買ったらよいか教えてほしいとのことでした。

私は「素人が他の銘柄を探すのは難しい。それよりもソニーが安くなった段階で再びソニーを購入したらどうか」とアドバイスしました。18年はソニーの株価は5000円～5500円の間で変動したことから、新幹線に例えて次のように説明しました。

新幹線ソニー号は始発の東京駅が5000円です。横浜駅に着くと5100円。小田原駅が5200円。熱海駅は5400円。さらに熱海を過ぎて静岡駅に着くと5500円。名古屋駅まで待てば7000円になると仮定します。

あなたは熱海駅で下車しましたが、新幹線ソニー号はさらに上昇して静岡駅まで行ったとします。そこから新幹線ソニー号はUターンして戻ってきます。横浜駅に着いた段階（5100円）で再びソニー号に乗車するか、終着駅の東京駅（5000円）まで待って乗車するかはあなたの判断です。そこからまたソニー号は熱海駅まで戻ってくるので、あなたは下車する選択もあります。ソニー号の勢いが強いので、少し頑張って名古屋まで乗車してみるのも一つの選択です。

ソニーのように一定のレンジ（上下幅）で変動すれ銘柄を見つければ、他の銘柄に切り替えるよりも、ソニー株を何度も売り買いした方が安心です。ソニー株は17年4月から10月中旬まで4000円を挟んで上下500円のレンジで推移していました。10月下旬に「ソニー18年3月期決算、20年ぶりの過去最高益」のニュースが流れると、株価は急騰しました。

ソニーのケースでも明らかなように、株価は、業績次第で大きく変化します。変動幅も17年がほぼ4000円を挟んで上下500円程度だったのが、18年前半には5000円～5500円に上昇、同年後半には6000円を越える場面もありました。18年前半なら5500円は高値売りの水準で、十分な差益が得られました。しかし同年後半に6000円を越える水準になると、5500円は安値買いのチャンスになるかも知れません。株価変動のレンジは数か月で大きく水準が変わってきます。レンジ水準が下がってくれば業績悪化の兆候かも知れません。逆に上がってくれば業績向上の兆しかも知れません。株は生き物、あくまで微妙な変化を見失わず、慎重な対応を心掛けてください。

●上級編、ハイリスク・ハイリターンの信用取引

これまで現物取引中心の説明をしてきましたが、ここからは信用取引について説明します。信用取引は怖いので現物取引だけに限っているという人が多いようです。数で言えばその方が多数派です。現物取引だけでも毎年、投資金額の1割程度の利益は十分確保できます。現物取引だけで十分だ、信用取引はやらない、と考えている方は信用取引を説明する以下の部分は飛ばしていただいても構いません。

●空売り、預け金の約3倍の取引など4つの違い

信用取引と現物取引とはいくつか大きな違いがあります。第1の違いは、現物取引が自分のお金で株式を売買するのに対し、信用取引は証券会社からお金や株式を借りて売買をします。第2は、現物取引にはない空売り（信用売り）があります。空売りとは証券会社から株式を借りて市場で売却し、一定期間内に買い戻して返却する取引です。例えば、証券会社からある銘柄を100株借り、その時の高値3000円で売却

します。数日後に株価が2500円に下がったとします。そこで売った株式を買い戻して証券会社に返却します。この取引で5万円（差額500円×100株）が儲かったことになります。短い期間であれば、証券会社に支払う金利（注6）は大した額ではありません。下げ相場の時、現物取引では上昇に転ずるのを待つだけですが、信用取引では空売りで売却益を得ることができます。

第3の違いは、信用買い（空買い）、信用売り（空売り）は、6か月以内に決済をしなければならないことです。現物取引では1年でも10年でもそれ以上でも保有できますが、信用取引の6か月の制約は個人投資家にとってかなり厳しい足かせになることがあります。信用買いした株が買値以下でも6か月たてば赤字覚悟で損切りしなければなりません。

第4の違いは、証券会社に預けた資金の最大3倍程度の運用ができることです。信用取引が「ハイリスク・ハイリターン」と言われる理由の一つは、自己資金の約3倍の取引ができることとです。現金1000万円を預ければ、その3倍の3000万円の運用が可能です。例えば、現物取引で1000万円で購入した株式が運よく上昇し数か月後に100万円の利益が得られたとすると、信用取引ではその3倍の3000万円の株式を購入できるので、利益も3倍の300万円になります。

逆に株価が下がり、現物株が100万円目減りした場合、信用取引では300万円の目減りになります。現物株の場合は、目減りしても上昇するまで持ち続けることができますが、信用取引の場合、6か月後には300万円目減りしたままでも損切りしなくてはなりません。

●儲けも大きいが、損失も大きい

信用取引には以上のように現物取引にはない4つの特徴があります。現物取引でも、必要に迫られ購入価格を大幅に下回ったまま売却すれば元本割れに陥ります。元本が保証される預貯金と比べれば明らかにリスクです。しかし現物株を短期で売買する場合のリスクは限定されます。株取引が「ハイリスク・ハイリターン」と言われるのは、もっぱら信用取引を指していると言ってよいでしょう。

具体的に見てみましょう。第1の特徴である「証券会社からお金や株式を借りる」という点。これには、当然金利がかかります。借りている期間が長くなれば長くなるほど金利が嵩《かさ》んできます。30万～40万円で購入した株式を6か月ぎりぎりまで保有していると、金利だけで5000円を軽く超してしまいます。このリスクを避けるためには、売買の間隔をできるだけ短くしなければなりません。

信用取引の第2の特徴は空売りです。証券会社から借りた株式を市場で売り、期限内で買い戻し、返却する取引のどこにリスクがあるのでしょうか。

空売りのタイミングは、空売り対象に選んだ銘柄の株価がピークに近い状態に来た時です。過去の株価の推移や業績などを総合的に判断して、これからはしばらく下落に向かうに違いない、と考えた時です。ある銘柄の株価が3000円でピークに近いと判断し、証券会社から株式を100株借りて空売りします。予想通り数日後に500円下落すれば、5万円の差益が得られます。1000円下落すれば10万円が得られます。

これはうまくいったケースです。予想が外れ、ピークと思った株価がさらに上昇を続け、3500円になれば5万円の損失、4000円まで上昇すれば10万円の損失になってしまいます。

●損失が無限大に膨らむ恐れも

空売りの怖いところは、損失が無限大に膨らんでしまう可能性があることです。現物取引で3000円の株式を100株購入した場合、最大の損失は株価がゼロになった場合の投入金額30万円です。

これに対し、空売りの場合、株価が6000円まで上昇すれば、損失は30万円になります。もっと上昇し1万円に達すれば、損失は70万円に膨らみます。株価がさらに上昇し続ければ、損失は無限に増え続けます。

もちろん、以上のケースはあくまで理論上こうなるという説明です。実際に空売りした投資家は、予想に反して株価が上昇を続けるようなら、損切り覚悟で早めに株式を買い戻し、損失を最小にとどめるように動きます。株取引で大儲けをした人、大損をした人はほとんど空売りによるものです。

リーマン・ショック後のように株価が何週間か下げ続ける局面では、素人でも空売りで利益を上げることは可能です。私も小額ですが空売りをして一定の利益を得ることができました。しかし、空売りのリスクはやはり大きく、「石橋攻略」では、初心者には空売りは勧めません。

●信用取引には委託保証金が必要

個人投資家が信用取引を始めるには、信用取引の保証金を証券会社に振り込むことが必要です。これを委託保証金（あるいは委託証拠金）といい、委託保証金率は30％以上、委託保証金の最低額は30万円以上と法令で定められています。例えば信用取引で1000万円の信用買いをする場合、その30％の300万円以上を証券会社に差し入れる必要があります。何度も指摘したように、少ない元手で大きな取引ができることが魅力ですが、同時に大きなリスクも伴います。リスクの一つが委託保証金維持率（信用維持率　注7）の下落による追証（追加の保証金）の発生です。

保証金として証券会社に100万円預け、ある電子機器メーカーA社の株式を、800円で2000株購入したとします。購入金額は160万円です。この場合、信用維持率は62・5％（100万円÷160万円）になります。数日後にA社の株価が400円に暴落したとします。含み損が80万円に膨らみ、保証金の担保価値は20万円（100万円―80万円）に減価し、信用維持率は12・5％（20万円÷160万円）まで低下してしまいました。

通常取引では信用維持率は30％以上と決められています。取引を継続するためには追証が必要になります（ネット証券の中には信用維持率の下限を20％に引き下げたところも増えていますが、ここでは30％として計算します）。１６０万円に対する保証金は48万円（１６０万円×30％）です。信用維持率30％以上を確保するためには、不足分の28万円（48万円－20万円）を追証として証券会社に差し入れなくてはなりません。

追証に追い込まれた場合、翌々営業日15時（証券会社によって異なる場合もある）までに以下の二つの方法で追証を解消しなければなりません。一つは追証を解消するため現金か有価証券を証券会社に差し入れること、二つ目は株式の一部または全部を返済（損切り）することです。

●「石橋攻略」では現物取引で相場観を磨く

１００万円を証券会社に振り込み、株式取引を始める場合、「石橋攻略」では信用取引は勧めません。現物取引１本に絞り込みます。先ほどの例でいえば、株価８００円のA社株を最大１０００株購入します。購入金額は80万円です。さらに慎重に取り組む場合は、５００株（購入額40万円）でも構いません。A社の株価が４００円に下落した場合、手持ちの株式価値は40万円に減価します。信用取引と違って現物取引なので金利はゼロだし売却期限の6か月もありません。再び株価が800円を上回るまでじっと待っていればよいわけです。3月期決算や9月の中間配当をまたいでいれば、配当金を手にすることもできます。お金を証券会社から借りるのではなく、自分のお金の範囲での取引になるため、ハイリターンは無理でしょうが、ほどほどの利益が得られる可能性は大きいといえるでしょう。

「石橋攻略」はあくまで安全第一、リスク回避が前提です。このステップを無視して、初心者にもかかわらず、ただちに信用取引を始めると、9割以上の確率で失敗すると思います。

株取引のポイントは、下がった段階で購入し、上がった段階で売却し、差益（売却益）を得ることです。手持ちの株が上昇トレンドにある場合でも一本調子で上がり続けることはありません。必ず下落する局面があります。その時に押し目買いし、その株式が上昇した時に売却し、利益を得ることを利益確定といいます。逆に買値より下落し、保有し続けてもさらに下落しそうな時には損切りします。もちろん、利益確定が多く、損切りが少なければそれにこしたことはありません。

市場に参加する人の中には強気の人、弱気の人、様子見の人など多様な人たちが参加していきます。その人たちの市場観、別の言い方をすれば、市場参加者の気分次第で株価は上がったり下がったりします。

●3人の異なるあなたの選択は？

あなたが持っている株の価格が、前日比で2～3％も上昇する日が数日続いた場合、あなたはどのような判断をするでしょうか。あなたの中には3人の異なるあなたがいます。

1番目のあなたは、この辺がピークだと判断し、手持ちの株を売って利益を確定します。それからはしばらく市場の動きを観察し、次の手を考えます。これがもっとも堅実で確実な利益を得る方法です。2番目のあなたは、山っ気があります。くせ球を投げるのが好きなあなたです。いったん利益を確定したあと、この局面でさらに儲ける方法はないかと考えます。マクロ経済指標やその会社の業績などを分析した結果、あなたは今がピークと考え、近い将来、株価は下落すると判断して、信用売りに踏み切ります。

3番目のあなたは超強気のあなたです。強気のあなたはこう考えます。今の株価上昇はこの会社の業績回復に裏付けられているだけではなく、景気も回復基調にあり、市場の雰囲気も明るくなっている。まだまだ手持ちの株は上昇するのではないかと判断します。手持ちの株を今売るとこれから値上りで得られる利益（期待収益）を失うことになると皮算用して、手持ちの株を持ち続ける判断をします。それだけではなく、さらに信用買いで持ち株を増やす選択をします。

３人のあなたのうち誰が得をして誰が損をするのか、将来のことは誰にも分かりません。市場の世界は一寸先が闇です。不透明感が大きいだけに強気の人、弱気の人、様子見の人などの思惑が錯綜しながら、株価が形成されていきます。

さて、もし近い将来株価が下がれば、１番目と２番目のあなたの選択は正解だったということになります。特に２番目のあなたは空売りを仕掛けて儲けは最大になります。一方、３番目のあなたは大損をします。

逆に株価が上昇を続ければ、３番目のあなたは大儲けできますが、２番目のあなたは大損をします。１番目のあなたは、持ち続ければさらに得られた利益は得られませんが、計画通りの利益はすでに得られているので満足です。「石橋攻略」は、１番目のあなたに最適な手法です。過剰な欲は禁物です。

●初心者は1年間、信用取引を手控える

「石橋攻略」では、信用取引に伴うリスクを回避するため、様々な歯止め、対策を工夫しています。信用取引からリスクを軽減させれば、「ハイリスク、ハイリターン」のうま味がなくなり、面白みがなくなってしまうとの批判が出てくるでしょう。その通りです。「ハイリスク、ハイリターン」を覚悟で、信用取引をしたい人は石橋攻略からは何も得られません。

「石橋攻略」は、元本を減らさずに、投入資金の1割程度の利益を目指します。普通の会社員、個人事業者、主婦　ボケ防止を兼ねて小遣い稼ぎをしたいと考えている定年退職者などが対象です。あくまで石橋をたたいて渡ることにこだわり続けます。現物取引と違って、信用取引はリスクが大きいので、初心者はネット取引開始から1年間は信用取引を手控え、現物取引を通して、取引対象銘柄の業績、値動き、季節変動などをじっくり観察し、相場観を身につけてください。

●損切りは早く、信用維持率は100%以上

信用取引では6か月以内に売買を終結させなければなりません。信用買いで購入した株式の価格が結果的に高値買いとなり、6か月が近づいてきたのに買値を大きく下回っている時があります。このままでは損切りせざるをえません。こんな状況に追い込まれることは、信用取引ではかなりの確率で発生します。ここまで来てしまえば打つ手はありません。

期限の6か月まで保有すると、金利などの手数料が増えるだけでなく、損切りという犠牲も負わねばなりません。そこまで追い込まれず、リスクを最小に止めるためには、自分で決済期限を3か月に設定し（2か月でもかまいません）、その段階で、買値の約1割以上、下落している場合は、思い切って損切りすることです。これには勇気がいります。損切りをした直後に上昇に転ずるかもしれません。運よく6か月ぎりぎりまで持ち続けた結果、損切り直前に買値を上回る幸運も、確率的にはゼロとは言えません。

私も、未練がましく6か月ぎりぎりまで抱えて、結局うまくいかず、かなりの金額

の損切りに追い込まれた苦い経験が幾度となくあります。３か月前に損切りしておけば、その半分、あるいは３分の１の損切りで済んだのに、と自分の思い切りのなさを嘆くこともありました。私のつらい経験から言えば、購入後３か月で１割前後価格が下落した株式は、６か月後はさらに下落しているケースが９割以上でした。欲ボケを押し切って、早めに損切りをする勇気が必要です。

信用取引では、信用維持率が30％を下回った場合、投資家は追証を差し入れなければなりません。追証を差し入れないと、証券会社は、強制的に清算に踏み切ります。差し入れの期限は30％を下回った日の翌々日の15時と定められています。「石橋攻略」では、追証リスクを避けるために信用維持率を１００％以上に保つようにしています。

信用維持率１００％以上とは、委託保証金（預入金）を上回る信用取引は差し控えるということです。信用取引の魅力は預入金の約3倍強の取引ができることですが、維持率１００％以上とは、信用取引の取引額を預入金の7～8割に抑制することです。１００万円で最大約３３０万円の取引ができますが、「石橋攻略」では取引額は70～80万円程度に制限します。維持率を１００％以上に保っておけば、大暴落でも起こらない限り追証の心配はまずありません。

●グランドキャニオンで味わった追証の恐怖

新聞社を退社し、大学に移った後の2007年の夏、2週間ほどアメリカ西海岸を旅行したことがあります。信用取引を始めたばかりで、保証金の3倍近い取引をしていました。旅行中、リーマン・ショックの前触れで、株価が暴落し、信用維持率が30％を割り込みそうな状態になりました。

当時の日経平均の動きを振り返ると、同年7月に1万8000円を少し上回った水準でピークを付けた後、一転下落に転じ、11月には1万5000円前後と3000円近く暴落しました。この暴落が翌年のリーマン・ショックの引き金になったことは言うまでもありません。日経平均が大幅下落を始めたちょうどこの頃、アリゾナ州北部のグランドキャニオンを旅行中でした。スマホで株価を確認したら、大変な状況です。眼下にコロラド川を見下ろしながら、追証を求められたらどうしようかと胸がドキドキ、心配でとても景観を楽しむ余裕がありませんでした。何とか追証は免れましたが、今でもあの時の恐怖を悪夢のように思い出すことがあります。維持率100％以上なら、こんな事態に追い込まれることはなかったと思います。

〈ケーススタディ〉

コロナ・ショックでも「石橋攻略」でしっかり利益

◆中国で発生した新型コロナ、1月には日本でも患者

新型コロナウイルスは中国・武漢市で2019年12月12日に発生が確認されました。中国政府は20年1月16日になって「41人の患者が確認され、61歳の男性1人が死亡、6人が重症」と発表しました。これが中国政府によるコロナウイルスに関する最初の所見でした。武漢市当局や世界保健機構（WHO）によると、患者は同市の海鮮市場に出入りする人々が中心で、翌月20年1月1日に市場が閉鎖され、3日以降は新たな患者は確認されていない、ということでした。発生源は野生のコウモリではないかと指摘されています。

1月16日、厚生労働省は武漢市で発生した新型コロナウイルスによる国内初患者を確認したと明らかにしました。患者は神奈川県の30代男性で、1月3日から発熱症状があり6日に武漢市から帰国。高熱が出て10日に入院し、症状が安定した15日には退院したが、国立感染症研究所の検査で新型ウイルスの陽性結果がでたという。

この段階では一部のコロナ医療専門家を除くと、政治家も官僚も国民もこの感染症は武漢周辺地域に限定されたもので、日本で爆発的に流行するとは考えもしませんでした。

その一方、中国ではコロナウイルス感染拡大への懸念が強まっていました。1月20日、中国政府の専門家が「人から人への感染を確認」と明言し、習近平国家主席が対策に全力をあげるように指示しました。23日には武漢市の事実上の「封鎖」が始まりました。31日にはWHOが中国で発生した新型コロナウイルスによる肺炎について、「国際的に懸念される公衆衛生の緊急事態」との宣言に踏み切りました。これを受けて、米国は中国全土を対象に渡航中止、退避を勧告しました。

この段階ではまだコロナ感染の拡大が経済に与える影響はあまり問題視されていませんでした。米国の1月のNYダウは2万8000ドル台の高水準で推移、日経平均も2万3000円台を維持していました。

◆イタリア、スペイン、アメリカでも感染拡大、パンデミック状態に

2月に入ると、中国のコロナ感染者数が短期間に激増しました。同月初旬の感染者数が約2万5000人、死者数約500人、それが20日頃には感染者が8万5000人を超え、死者数も3000人を上回りました。下旬にはイタリアで感染者が急増、3

月に入ると、スペイン、フランス、イギリス、ドイツ、さらに同月下旬頃からアメリカでも感染者が急増し、パンデミック（世界的大流行）の状態になりました。各国とも緊急事態宣言を発し、人の往来や入出国に厳しい規制を設けました。

一方、日本は武漢在住の日本人の帰国のため、1月下旬から3便のチャーター便を派遣し、計565人を帰国させました。また2月初めには3711人の乗員乗客を乗せたダイヤモンドプリンセス号内でコロナ感染者が集団発生し、計712人の患者が確認され、その対策に政府が翻弄されたことをご記憶の方も多いと思います。

コロナ感染者数が世界的な広がりを見せ始めていましたが、2月前半の段階では、米国も日本もまだ景気への悪影響をそれほど心配していませんでした。コロナ感染症の影響を軽視し、景気刺激、株価引き上げに熱心なトランプ米大統領に支えられ、株価はどんどん上昇、NYダウの2月12日の終値は、前日比275ドル高の2万9551円で引け、史上最高値を更新しました。日経平均も同月6日には月間最高値の2万3873円を付け、その後も高水準を維持していました。

◆ダウ、リーマン危機以来の大暴落

局面がガラガラと大きく変わったのは2月24日（月）からです。

前週末21日のダウ終値は2万8992ドルでしたが、24日の終値は21日比1031

ドル下落しました。25、26日も続落、27日には再び1190ドルの大幅下落をした後も下げ止まらず28日を含め5日続落しました。この間の下落幅は3583ドル、28日の終値は2万5409ドルまで落ち込みました。しかもこれはまだ序の口でした。3月に入ると下落にさらに拍車がかかりました。9日から翌週末の20日までの10営業日の間に、前日比で2000ドルを超える下落が3回、1000ドルを超える下落が2回もありました。特に16日には過去最大の前日比2997ドル安となりました。

ダウが底値を付けたのが23日で、前日比582ドル安の1万8591ドルでした。3月に入って6818ドルも下落したことになります。2月12日の最高値と比べると、わずか1か月余りの間に1万9960ドルの大暴落です。これがコロナ・ショックです。

下落の背景には当初高をくくっていた中国のコロナ感染者の急増と欧州への感染の広がりなどで世界景気の落ち込みが避けられないと判断し、投資家が株式や原油などのリスク資産から資金を引き上げる動きを強めたこと、これに伴うろうばい売りも重なってリーマン危機以来の大暴落になったものとみられます。

◆日経平均も暴落、1か月で7321円もダウン

ダウと歩調を合わせるように日本の株価(日経平均)も暴落しました。次ページの図をご覧ください。2月6日の日経平均終値は2万3873円、月内最高値です。それか

コロナショックで暴落（日経平均終値ベース）

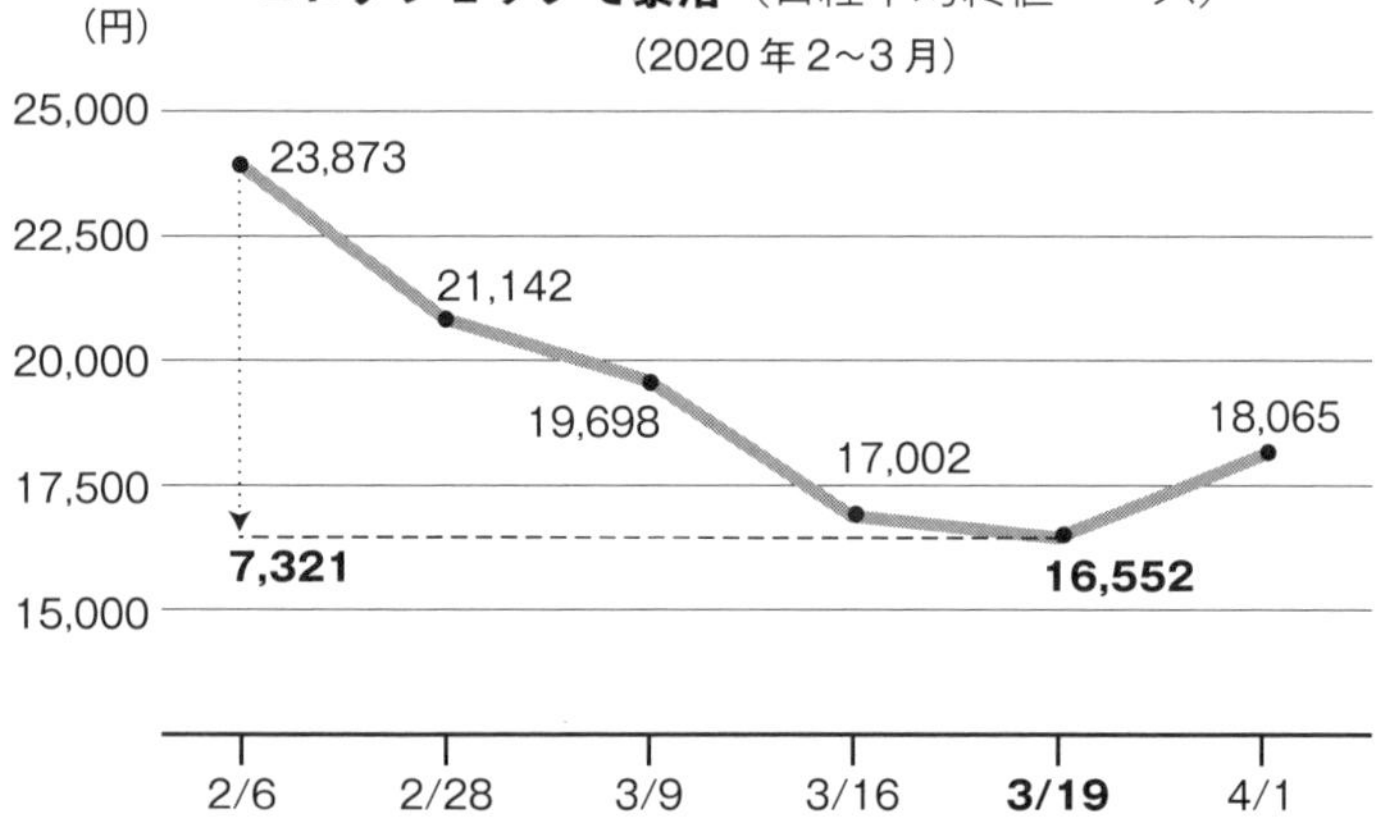

ら約20日後の25日からコロナ・ショックによる下落が始まりました。28日の日経平均は前日比８０５円安の２万１１４２円。この週は４日続落し下落幅は２２４４円、大幅下落の始まりです。３月に入る下落が加速しました。９日の日経平均は終値ベースで前営業日比１０５０円安の１万９６９８円と２万円を割り込み、年初来の安値となりました。13日も前日比１１２８円安と１０００円を超える下げとなりました。翌週も下げは止まらず、底値を付けたのは19日の前日比１７３円安、１万６５５２円でした。２月６日の最高値と比べると、１か月半たらずで７３２１円もの大暴落でした。

この過程で信用取引の赤字が嵩み、追証（委託保証金の追加）に追い込まれる者、赤字覚悟で損切に踏み切る者が急増し、株式市場から撤

コロナショック下での信用維持率の推移

日付（2020年）	評価損益（万円）	信用維持率（%）
2月6日（木）	-54.4	307.6
28日（金）	-262.7	148.6
3月9日（月）	-345.3	117.7
16日（月）	-472.9	102.6
19日（木）	-410.9	112.4
4月1日（水）	-343.2	127.6

退する投資家も目立ちました。株価はその後少し戻し、4月1日の終値は1万8065円まで回復しましたが、2月6日の日経平均からは約5800円も安い低水準です。

◆「石橋攻略」信用維持率100%死守に苦慮

日経平均の大幅下落は信用取引に大きなダメージを与えました。安全第一の「石橋攻略」も例外ではありませんでした。石橋攻略は株価下落によるショックを軽減させるため、信用維持率を100%以上に保つことを重視しています。すでに説明したように信用維持率が30%を下回ると、手持ち資金不足が生じますので証券会社から追証を積み増すか損切りをするかの選択を迫られます。

コロナ・ショックの時、私の信用取引はどのような状態にあったのでしょうか。

信用取引維持率100%以上を堅持するために私が注目する指標は、証券会社が作成する毎日の評価損益と信用維持率の二つです。表はコロナ・ショック時の評価損益と信用維持率の推移を示しています。コロナ・ショックがまだ発生していなかった2月6日の評価損益は約54万円の赤字、信用維持率は３０７・８％です。石橋攻略では売値と買値の差が1万円以上になれば利益確定をするので、評価損益は通常赤字になっており、赤字額が50万円程度なら健全だと判断しています。

さて、日経平均は同月25日から28日まで4日続落、それに伴って28日の赤字は約２６３万円、信用維持率も１４８・６％まで低下しました。3月に入ると下落幅は一段と大きくなり、3月9日の日経平均は2万円を割り込みました。評価損は約３４５万円にまで膨らみ、信用維持率はさらに１１７・７％まで低下しました。

◆信用維持率90％切り、損切りに踏み切る

13日も激しい売り圧力が続き、前場の午前10時頃には、その日の最安値、前日比１８６９円安の1万６６９０円まで下落しました。1日の下げ幅としては30年前の１９９０年4月（１９７８円安）以来の大きさです。信用維持率は１００％どころか90％も割り込み、89％台にまで低下しました。

損切りに踏み切り、信用取引額を縮小させなければ維持率を１００％以上に戻せません。二つの銘柄を売却することにしました。一つは通販関連A銘柄（１００株）で売却損は約6万円、もう一つは住宅関連B銘柄で売却損は8万円、合わせて約14万円

の赤字になりました。この結果、13日終値ベースの信用維持率はかろうじて100・7%まで回復しました。

翌週月曜日の16日も大幅下落に続落しました。何もしなければ信用維持率が再び100%を割り込んでしまいます。やむを得ません。前月17日、7516円で100株購入した電子メーカーの株式を5900円で売却しました。約16万5000円の赤字です。この結果16日終値の評価損は約473万円となったものの、信用維持率は102・6%を維持できました。

◆2020年は400万円の利益、利益率20%

17日も食品メーカーC社株（100株）の損切り（約11万円の赤字）に踏み切りました。

19日はコロナ・ショックの最安値の日ですが、それまでの1週間に4銘柄、計約40万円の損切りをしました。その結果、19日の終値ベースの評価損は411万円、信用維持率は112%でした。なんとか100%以上を維持できました。

その後は株価が緩やかに上昇、それに伴って評価損も減少、信用維持率も少しずつ回復します。4月1日の終値の評価損343万円、信用維持率128%となり、何とか危機を脱することができました。

2020年取引損益

2020年	月間損益	累積損益
1月	40万7952円	40万7952円
2月	41万3491円	82万1443円
3月	-33万1901円	48万9542円
4月	29万4201円	78万3743円
5月	23万0791円	114万4462円
6月	65万4063円	166万8525円
7月	-6万0699円	160万7826円
8月	-3万4359円	157万3467円
9月	53万9892円	211万3359円
10月	30万5238円	241万8597円
11月	75万0635円	316万9232円
12月	92万3694円	409万2926円

表は2020年の取引実績です。コロナ・ショックの直撃で3月の月間損益は約33万円の赤字になりました。7、8月もコロナ・ショックからの立ち直りが遅く、購入価格以下で売却せざるを得ない銘柄があり、月間損益はわずかですが赤字に転落しました。しかし9月以降株価は持ち直し、コロナワクチンの開発期待から11月、12月は急伸、月間損益も大幅黒字になりました。この結果、年間で約400万円の利益を得ることができました。20年全体を振り返ると、前半はコロナ・ショックの影響が大きく出ましたが、秋以降株価が急上昇し、例年以上の利益を得ることができました。

コロナ・ショックの時も、「待てば海路の日和あり」を信じて慌てず、信用維持率100％以上を守って回復を待つ安全第一主義を貫いたことがよかったのではないかと思います。

注6（**証券会社に支払う金利**）＝証券会社によって違うが、年利3％前後が多い。信用売りの場合も貸株料として金利を払う

注7（**委託保証金維持率**）＝信用取引している金額に対する委託保証金の割合。信用維持率ともいう

3章

情報の集め方、絞り方

●お金は24時間、世界を動き回る

「石橋攻略」は短期決戦型です。それだけに足元の株価に影響を与える様々なニュース、情報を取捨選択し、タイミングよく安値買い、高値売りを成功させなくてはなりません。

株価はいろいろな要因で動きます。国内の政治、経済、社会情勢の変化は言うまでもありません。経済のグローバル化に伴って、最近では、国際的な政治、経済などの動き、さらには気候の変化にも大きく反応します。例えば、欧米の金融不安が伝わると、外国為替市場ではドル、ユーロ売り、円買いの動きが強まり、円は上昇します。その結果、日経平均は下落気味で推移します。逆に、アメリカの景気回復が伝えられ、NYダウが上昇すると、日経平均も上昇に転ずる傾向があります。またこの数年は世界第2のGDP大国に駆け上がった中国の政治、経済動向も日本の株価に大きな影響を与えるようになってきました。

●東から西へ時差に従って市場が開く

お金には国境がありません。お金は24時間、忙しく地球上を動き回っています。といっても無原則で動いているわけではありません。世界の証券取引市場は時差に合わせて東から西に向かって開かれていきます。例えば、東京証券取引市場は午前9時から始まります。その後、上海、香港、台湾、シンガポールなど東アジア市場、さらに東南アジア市場が始まります。各市場の開始時間はまちまちで、上海市場は日本時間の10時半からです。

さらに舞台はヨーロッパに移ります。日本とパリ（フランス）やフランクフルト（ドイツ）との時差は8時間、ロンドン（イギリス）とは9時間です（いずれも冬時間）。パリ市場やフランクフルト市場は現地時間で9時から、ロンドン市場は8時から取引が始まるので、パリ、フランクフルト、ロンドンの欧州主要3市場はいずれも日本時間で17時に一斉に始まります。夏時間なら同16時からです。

さらに大西洋を渡ってニューヨーク（米国）に行くと、日本との時差は14時間に広がります。ニューヨーク証券取引市場（NY市場）が始まるのは日本時間で23時30分（現地時間9時半）です。日本ではあと30分で翌日になります。夏時間なら22時30分開始です。

さらにNY市場が終わる現地時間16時は、日本時間では翌日の6時です。3時間後には東京市場が始まります。

時差の関係からも明らかですが、各種NY株価指標、国債利回り、NY原油、NY金、ドル円相場などの動向、さらにシカゴ日経平均先物、毎月発表される米雇用統計、四半期別GDP速報値、米連邦準備理事会（FRB）が定期的に開く連邦公開市場委員会（FOMC）の動向などは東京市場に直接影響を与えます。

これらの多様な経済指標をすべて丹念にチェックするのはとても大変です。頭を使うことがいくらボケ防止に役立つとはいえ、内外の膨大な政治経済情報をチェックするなど、冗談じゃないと思われるでしょう。たかが小遣い稼ぎにそこまでやってられないというのも、十分うなずけます。

私も70歳の定年後、自由時間が大幅に増えましたが、すべての時間を株取引に充てることなどできません。世間的な付き合い、大学のOB会や先輩後輩との会合、家族との旅行や環境関連のイベント参加など、意外と多くの時間がとられます。

そして何よりもパソコンの前にじっと座って経済情報をチェックする根気が続かな

世界の証券取引市場の取引時間（日本時間）

取引市場	取引時間（日本時間表示）
東京証券取引所（日本）	9時~15時
オーストラリア証券取引所（オーストラリア）	9時~15時※
韓国証券取引所（韓国）	9時~15時
上海証券取引所（中国）	10時半～16時
香港証券取引所（中国）	10時半～17時
シンガポール証券取引所（シンガポール）	10時～18時
ボンベイ証券取引所（インド）	12時45分～19時
ロンドン証券取引所（英国）	17時～翌朝1時半※
フランクフルト証券取引所（ドイツ）	17時～翌朝1時半※
ニューヨーク証券取引所（米国）	23時半～翌朝6時※

（※いずれも冬時間。夏時間は1時間早まる）

くなってきました。加齢という現実です。仕方ありません。ですから、この現実を踏まえて、できるだけ省エネで、効率の良い投資情報だけを収集しチェックすることを研究しました。

●東証市場はほとんどNY市場に追随

各国株式市場の株価動向を観察していると、その前に開いていた市場の影響を受けていることが分かります。NY市場は欧州市場の影響を受けやすいし、東証の株価の動きは、NYダウ、NYでのドル円相場、シカゴ日経平均先物の動きにかなりの程度連動しています。

ですからこれらの変動をチェックすることにより、東証寄り付きの株価の動きがかなり正確に予想できます。特にNYダウ、ドル円相場、シカゴ先物の3つのデータを重点的にチェックします。そうすれば、東京市場の寄り付きが予想できます。もちろん、完全に予想できるわけではありません。地震や災害などの天変地異や予期せぬテロ事件が突発することがありますし、トランプ大統領による気まぐれ発言で世界が揺れる場合もあります。しかし、大きな流れとして、「今日の東京市場はこうなりそうだ」という見通しを持つことが可能になります。

ダウ、ドル円相場、シカゴ日経先物の3つの指標の動きから、東京市場の今日の株価（日経平均）の寄り付きが前日比でプラスになるかマイナスになるかが予想できれば、東京市場が始まる前に売り予約や買い予約を入れることが可能になります。予約価格は市場が始まってから必要な修正をしますが、私の場合、東京市場開始後30分が勝負と見て売買しています。時間にゆとりがある場合は午前10時頃まで株価を見ますが、急ぎの用事がある場合は9時半で切り上げます。これで今日一日の取引は終了です。ネット株取引というと、一日中パソコンと睨めっこしていないといけないと誤解する向きが多いかもしれませんが、市場開始後30分から1時間程度時間を割くだけで十分です。効率のよい省エネ投資術だと思います。これについても、実際のやり方を後ほど説明します。そのほか、株価の変動には季節によって周期的に動く癖があることも分かりました。株の業界では、株に季節性があることがよく知られており、それに関することわざもあります。

また、東証市場の特徴の一つに、外国人売買が多いことも指摘できます。最近では日本の個人投資家、法人投資機関などによる売買よりも外国人投資家による売買の方が圧倒的に多いのです。これらの特徴を視野に入れ、売買することが必要です。

個々の株価の動きを予想するときに、昔からチャート分析という方法がありますが、それについても解説します。企業の業績判断に欠かせない財務諸表の省エネ的チェックの仕方も大切です。

私の経験から作り上げた、投資に必要なデータをできるだけ省エネでチェックする方法も公開します。

●ダウ30銘柄で全株価の変化を代表する不思議さ

時差の関係から、ＮＹ市場の株価動向やドル円相場、シカゴ日経平均先物の行方は、その日の日本の株価に大きな影響を与えます。

ＮＹダウ工業株30種の構成銘柄

（2020年9月現在）

アップル（ＩＴ）、アムジェン（バイオ医療）、アメリカン・エクスプレス（金融）、ボーイング（航空機）、キャタピラー（重機）、セールスフォース・ドットコム（ソフトウエア）、シスコ・システムズ（情報通信）、シェブロン（石油）、ウォルト・ディズニー（娯楽・メディア）、ダウ（化学）、ゴールドマン・サックス（金融）、ホーム・デポ（小売り）、ハネウエル・インターナショナル（航空宇宙）、ＩＢＭ（ＩＴ）、インテル（半導体）、ジョンソン・エンド・ジョンソン（ヘルスケア）、ＪＰモルガン・チェース（金融）、コカ・コーラ（飲料）、マクドナルド（外食）、スリーエム（化学）、メルク（製薬）、マイクロソフト（ソフトウエア）、ナイキ（スポーツ用品）、Ｐ＆Ｇ（日用品）、トラベラーズ（保険）、ユナイテッドヘルス（保険）、ビザ（金融）、ベライゾン（通信）、ウォルグリーン・ブーツ・アライアンス（小売）、ウォルマート（小売）

ＮＹ市場の代表的な株価指数がダウ工業株30種平均です。通称ＮＹダウ、ダウ平均株価などと呼ばれています。たった30銘柄の平均株価がＮＹ市場で売買される膨大な株の動きをよく表わしているので、新聞やテレビニュースに速報されているのです。ＮＹ市場に上場している企業数は３３６３社（２０２０年5月末現在）もあります。わずか30銘柄で全体の株価の動きをよく表しているのはとても奇妙な感じがしますが、この30銘柄を選んで平均するやり方に実は奥深いノウハウが詰まっているのです。

同様に、日本では日経平均株価

があります。東証1部上場銘柄の中から225銘柄を選んで指標化したもので、東京市場の株価の動きを表わす代表的な指標として扱われています。この指標は、日本経済新聞社が米国ダウ・ジョーンズ社から指標づくりのノウハウに大金を払ってつくったものです。日経平均は東証上場企業の株をすべて集めて平均したものではありません。たった225社の平均の方が株価全体の動きをうまく表していると言われています。なぜなら有名企業であっても発行株式数が少なく、毎日の変動が激しい株、時代から取り残された企業の株、彗星のように現れ消える企業の株などを排除しているわけです。

●GE、ついにダウ平均から除外

NYダウは、1896年に農業、鉱工業、輸送などの12銘柄でスタート、1928年には30銘柄となりました。その後、斜陽化した銘柄を外し、成長銘柄を組み込むなどして、時代の変化を反映させながら今日に至っています。120年近くの歴史がありますが、1896年のスタート段階から残っている銘柄はゼネラル・エレクトリック（GE）1社に過ぎませんでした。そのGEも2018年6月25日から除外されてしまいました。

GEは発明王トーマス・エジソンが設立した電気照明会社が源流で、これまで時代の変化に積極的に自らを適応させ、事業内容を組み替え生き残ってきました。それでも過去に1800年代末と1900年代初頭に2度、構成銘柄から外れたことがあります。

近年、電力部門の落ち込みや金融事業の縮小などを背景に業績が低迷、過去1年でダウ平均が15％上昇する中で、GE株は55％も下落していました。ダウ平均には最高価格銘柄と最低価格銘柄（この場合はGE）の価格差を10対1以内に収めるルールがあるとされ、これに抵触したと見られています。

GEに代わりドラッグストア大手のウォルグリーン・ブーツ・アライアンスが入りました。30銘柄中、小売りはウォルマートとホーム・デポの2社だけでしたが、消費市場で存在感を高めているドラッグストアとして初の採用になりました。S＆Pダウ・ジョーンズ指数委員会は「米経済の構造変化で製造業よりも消費、金融、ヘルスケア、テクノロジー企業の重要性が増している」と説明しています。

30種平均に組み込まれている銘柄は、金融、化学、医薬品、情報、航空機、小売業、石油などアメリカの主要な産業を代表する企業です。最近では13年にビザ、ゴールドマン・サックス、ナイキ、15年にはアップルが新規追加され、逆にアルコア、バンク・

オブ・アメリカ、ヒューレット・パッカード、AT&Tが除外されました。20年8月には日本にもお馴染みのエクソン・モービルと製薬大手のファイザーが除外されたことに驚いた市場関係者も多かったようです。代わって、セールスフォース（顧客管理のIT企業）、アムジエン（バイオ医療）などの新顔が加わりました。それにしても、創設時に加わっていた企業が現在1社もいなくなってしまったのは、アメリカ産業界の栄枯盛衰の激しさを示しています。今後も、30種平均の構成銘柄は時代の変化を受けて、さらに入れ替わっていくと思われます。

●日経平均とNYダウは似た動きを示す

NYダウの動きと日経平均の動きは、極めて似た動きをします。ここが投資家にとって重要な点です。前日のNYダウが大幅に上昇すれば、翌日の日経平均も大きく上昇することが期待できます。逆にNYダウが大幅下落すれば、日経平均も大幅に下がる可能性が強まります。NYダウの動きが大きければ、日経平均も大きく動くケースがほとんどです。長期的にみると、二つの指数は双子の兄弟のように似た波形を描いているのが分かります。

とはいえ、この両指数が別々の動きを示す場合も多々あります。NYダウが大きく上昇したのに日経平均が大幅に下落する、逆にNYダウが大幅に下落したのに日経平均が大幅上昇するようなケースです。またNYダウが小幅に上げたり下げたりする場合は、日経平均にどのような変化を与えるのか、なかなか読み切れない場合も少なくありません。

そのような場合は、これから始まる日本市場の経済関連諸指標や企業業績、政策担当者の発言など日本固有の要因に注目します。株価にプラスになるような材料とマイナスに働く材料をしっかり見極めなければなりません。例えば日銀による大幅な金融緩和政策の発動や円安、企業業績の回復などが発表になれば、日経平均は上昇します。逆に引き締め気味の金融政策、急激な円高、企業業績の悪化などが伝えられれば、日経平均は下落します。

NY市場の株価指数として、ダウの他に、ハイテク株中心のナスダック総合株価指数やS&P500（注8）などの有力指数がありますが、石橋攻略ではとりあえず、NYダウの動きを毎日チェックするだけで十分です。

NYダウと日経平均の推移

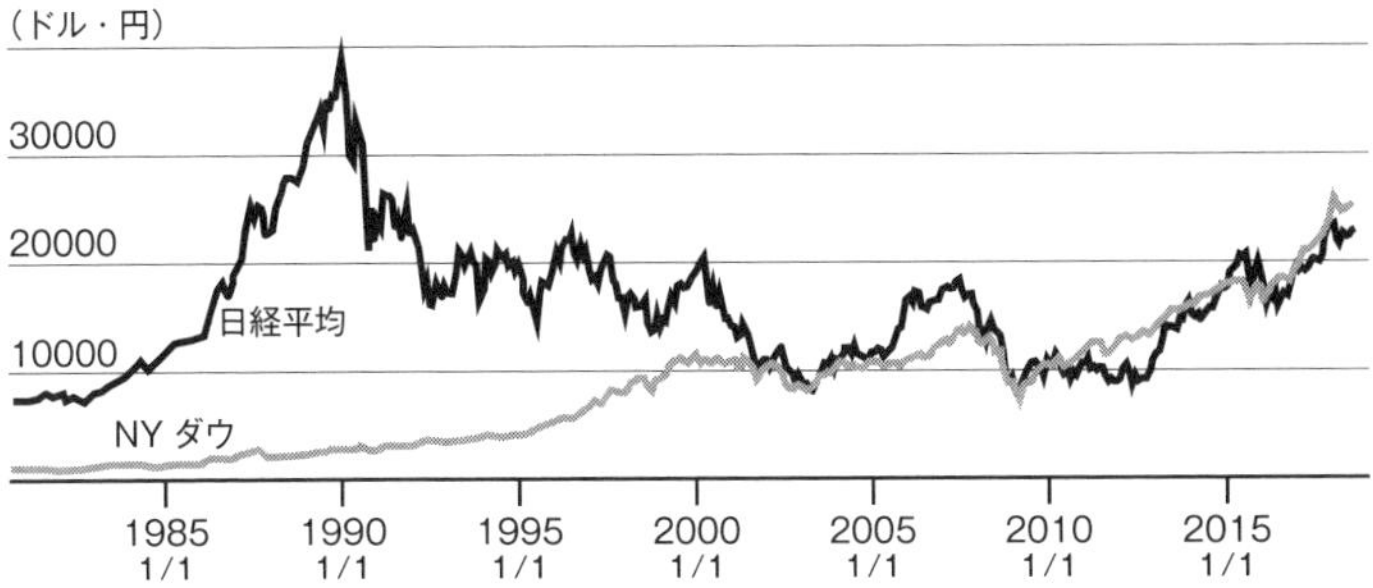

●ドル円相場の動向が株価に影響

時差の関係もあり、NY市場のドル円相場は日経平均に大きな影響を与えます。日本の主力企業は自動車や家電、機械、精密機器、化学製品などに代表されるように、輸出依存型の企業が圧倒的に多いためです。

戦後のドル円相場は、占領下の日本で、連合国軍最高司令令部（GHQ）が1ドル＝360円の単一為替レートの設定を発表し、1949年4月25日から実施したのが始まりです。GHQ顧問のジョセフ・ドッジ（アメリカの銀行家、政治家）が日本経済の安定と自立を目標に打ち出した経済9原則（ドッジ・ライン）に沿って実施されました。実施当初こそ戦争で疲弊した日本にとって、1ドル＝360円は円高に過ぎるとの批判もありましたが、日本経済が急速に発展する中で、逆にドル高円

ドル円相場の推移

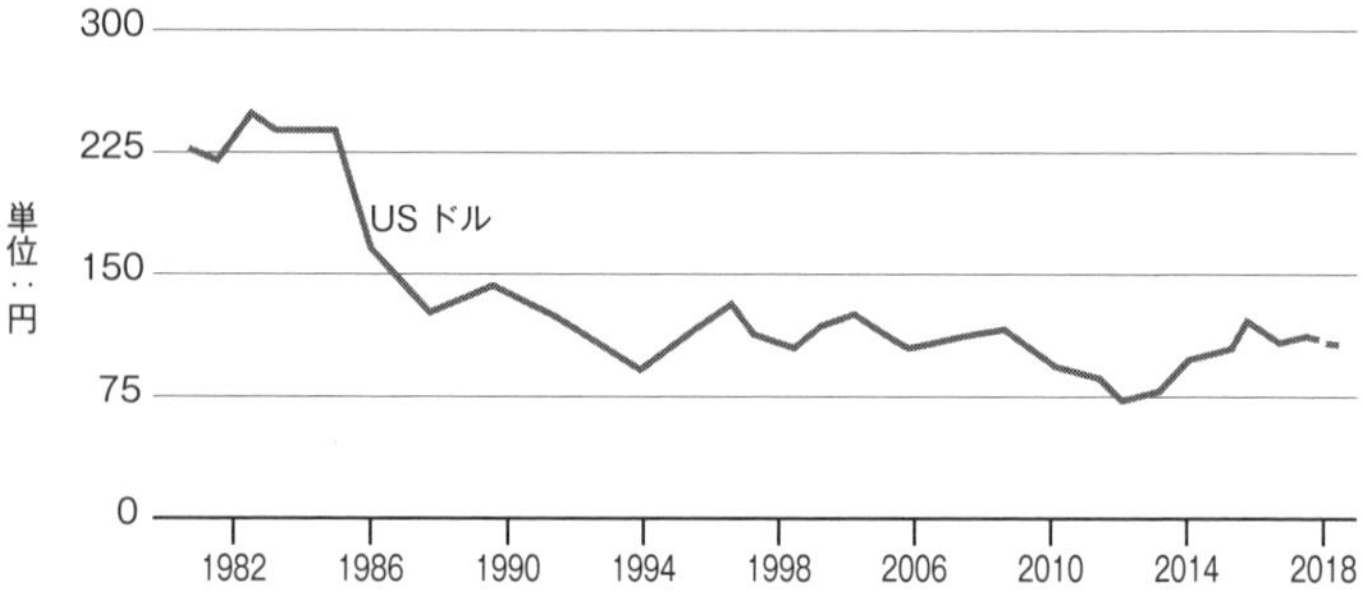

（1980～2018年）

安の為替レートになり、60年代の日本の高度成長に大きく貢献しました。日本を代表する大企業の多くが輸出依存型企業に育った背景には、国内市場がまだ小さかったこともありますが、1ドル＝360円の円安に負う部分が少なくなかったと思います。

しかし、日本が60年代に高度成長を謳歌した時代、逆に米国経済の衰退が目立ってきました。貿易黒字を拡大させる日本に対し、「1ドル＝360円は日本に有利過ぎる。円の実力はもっと強いのではないか」との指摘が欧米の経済学者や実務家の間で強まってきました。日本でも同様の指摘をする経済学者が増えてきました。

固定為替相場制を維持できなくなった米国のニクソン大統領は71年8月28日、変動相場制への移行を宣言しました。これがニクソン・ショックです。日本は同年12月末のスミソニアンでの10か国蔵相会議で「1ドル＝308円」（16・88％の円切り上げ）を受け入れました。ここに22年間続いてきた1ドル＝360円時代は幕を閉じました。

これ以降、世界の通貨体制は変動相場制に移行し、円高が急速に進みました。安倍政権が誕生する直前の2011年～12年頃には、1ドル＝75円近くまで円高が進みました。

●アベノミクス登場で円高是正が加速

円高がここまで進むと、輸出依存型の日本企業の経営は悪化してしまいます。

12年12月末に第2次安倍政権が誕生し、積極的な財政政策と超金融緩和政策を柱とするアベノミクスがスタートすると、円安が急激に進みました。それに呼応して日経平均も急速に上昇しました。

12年11月初め頃の円相場は1ドル80円前後の円高でしたが、安倍政権が発足し、大幅金融緩和を主張する黒田東彦・新日銀総裁が13年4月に登場すると、円安が急速に進みました。4月中旬には円は100円近くまで下落し、この円安は日経平均を大幅に押し上げました。日経平均は12年11月初めの約9000円から13年4月中旬には

1万3500円を超えるまで上昇。わずか4カ月ほどの間に4500円近くも跳ね上がったのです。

円安は輸出企業にとって大きな援軍です。例えば、1月初め、自動車メーカーが1ドル80円の時に、1台1万ドルの車をアメリカに輸出したとします。この場合、自動車メーカーの売上は円ベースで1台80万円です。4カ月後、円安で1ドル100円になったとします。この場合自動車メーカーの円ベースでの売上は100万円になります。同じ1台1万ドルで輸出しても、円安によって1台当たりの売上は20万円も増えることになります。輸出企業にとって円安は営業利益の改善に役立ちます。当時、円が1円安くなるだけで、トヨタの場合は営業利益が350億円、パナソニックは25億円も改善すると言われていました。

●為替相場、基本的には購買力平価を反映

外国為替レートは、基本的には購買力平価を反映して動きます。購買力平価とはそれぞれの国の通貨価値だと考えてください。例えば、ハンバーグ1個の値段がアメリカでは1ドル、日本では200円だったとします。この場合ハンバーグで計算したド

ル円相場は1ドル＝200円になります。2年後にアメリカではハンバーグ1個の値段が1・5ドルに上昇、日本では230円に上昇したとします。この場合のドル円相場は1ドル＝153円（230円÷1・5ドル）になります。アメリカではハンバーグに対するドルの価値が約33％減価（0・5ドル÷1・5ドル）したのに対し、日本ではハンバーグに対する円の価値は13％しか減価（30円÷230円）せず、その分ドルに対する円の値打ちが上がったことになります。

実際の購買力平価は、個々の商品価格を比較するのではなく、国別に集計した企業物価指数（卸売物価）や消費者物価指数などマクロの物価指数の変化を比較することで購買力平価を決めます。為替相場は、基本的にはこの購買力平価を反映していると考えられています。

購買力平価の各国比較で自国通貨の価値が向上することは基本的に望ましいことで、海外旅行すると円高の恩恵を肌で感じられます。しかし輸出企業にとっては、自国通貨の価値が上がった分、輸出価格が高くなり、国際競争力上不利になるため、個々の企業ベースでは自国通貨安は歓迎されます。

●金利の変化なども為替レートに影響

長期的に見ると、各国の購買力の違い（物価上昇の違い）が為替レートに影響を与えることに異議を唱える学者は少ないと思います。だが、為替レートに影響を与える要因はほかにもあります。例えば、ある国の通貨供給量が他国よりも増えれば自国通貨安となり、実質所得が増え、金利が上昇すれば自国通貨高になりやすいです。

この他、財政赤字が膨らみ債務危機に陥る、あるいは自国を巻き込むような戦争の危機が強まるなどの事態が予想されれば、自国通貨を売って安全な国の通貨や金に買い替えたいと思う人や企業が増えるため、自国通貨安になります。

円ドル相場の行方も、以上のような様々な要因で変化するので、日米の物価・金利動向、財政収支・国際収支動向、雇用状況や企業業績などに目配りをしながら、中・長期的にドル円相場がどのような方向に向かいそうかを自分なりに判断する力を養うことが大切です。

とはいえ、前日のNY市場でドル円相場が円高に振れれば日経平均は下落、円安に振れれば上昇する傾向が、これまでの経験として観測されています。

●シカゴ日経平均先物の動き

ドル円相場と並んでシカゴ日経平均先物の動向も重要です。シカゴ日経平均先物とは、シカゴ・マーカンタイル取引所（CME）で取引されている日経平均の先物取引です。日経平均先物取引はシカゴ（米国）だけではなく、大阪とシンガポールの取引所でも行われています。

先物取引とはある商品を将来のある時期にいくらで売り買いするかを取り決める取引のことで、日経平均先物取引とは日経平均株価指数を将来いくらで売り買いするかの取引です。取引には期限があります。日経平均先物取引では、3月、6月、9月、12月の第2金曜日が満期日に設定されています。これを限月《げんげつ》取引といいます。直近の限月が最も取引量が多く、期近物《きぢかもの》と呼びます。シカゴ日経平均先物価格は期近物の価格です。

例えば日経平均先物の12月物を11月に1万円で買った場合、満期日の12月第2金曜日の日経平均を1万円で買ったことを意味します。満期日までに1万円より高い値が付けば、売却益が得られますが、1万円未満では損をします。

日経平均先物取引は大阪取引所（旧・大阪証券取引所）で行われています。日中取引（8時45分～15時15分）の他に夜間取引（16時30分～翌朝5時半）も活発です。日中取引は東証での現物取引と密接な関わりがみられます。夜間取引は、07年までは19時で終了していました。08年に20時まで延長、さらに10年には23時30分まで、11年には翌朝3時まで延長、16年にはさらに5時半まで延長されました。この結果、シカゴと取引時間がほぼ重なっていることから両取引所の終値はほぼ近い数値になりやすく、全く同じ数値になる場合もしばしばみられます。

このため、大阪での夜間取引の終値をチェックしておけば、必ずしもシカゴ日経平均先物の終値をチェックしなくても済むようになってきました。とはいえ、シカゴ先物には直前のNYダウや米国債の利回りなど米国経済の影響が色濃く反映されます。大阪とシカゴの先物終値（期近物）は、その数時間後に始まる日経平均株価の寄り付きに大きく影響します。前日のシカゴ日経平均、大阪の夜間取引の終値がともに上昇する時は、その日の日経平均寄り付きも上昇する傾向が強いし、逆に下落した場合、寄り付きも下落で始まる可能性が強くなります。

特に日本が休日でも、シカゴ日経平均先物取引は行われるので、休日明けの東京市場の寄り付きを予想する際には役に立ちます。

●取引開始後30分が勝負

読者の皆さんの中にはネット株の売買のためには、市場が開かれている間、ずっとパソコンとにらめっこしていなければならないと思っておられるかもしれませんが、その必要はありません。市場開始後30分が勝負です。この30分の間に手持ちの株式の動向がかなりはっきり分かります。そこでその日の売買を決めます。

例えば、私が利用している松井証券のネット株画面には午前8時過ぎから保有している株式の売買価格気配がリアルタイムで表示されます。価格気配は数時間前に終わったNYダウやドル円相場、時にはFRB議長発言、さらに毎月発表される米雇用統計、四半期別のGDP速報値などに大きく影響されます。8時半頃から価格気配をチェックし、東京市場が始まる9時直前に一部銘柄の売買の予約を入れます。予約のメドですが、売却の場合は、1万円～2万円の差益が得られる価格水準です。

購入の予約は、株価が3000円以上の銘柄の場合なら前回利益確定した価格水準より100円以上下落した水準で100株、株価2000円程度の銘柄なら、50円以上下落した水準で200株購入するなど、購入価格と購入株数は2章97ページの表「購入額40万～50万円前後の株価と株数」を参考にして決めます。

実際の株式売買は午前9時から始まります。この段階で予約した株式の売買が成立する場合があります。売買予約が成立しない銘柄もあります。経験から言えば成立しない銘柄の方が多いのが普通です。実際の値動きより売却価格を高く設定したこと、あるいは購入価格を低く設定したことが原因です。実際に市場が始まった段階で、価格の変化を見ながら、価格水準を訂正します。この作業は市場が始まってから30分ほどで終了します。米企業の業績悪化、金融政策の変更、地政学リスクの拡大などで米市場が混乱している場合などは、10時頃まで東京市場の動きを注視する必要がありますが、通常は市場が始まって30分ほどでその日の売買を終えます。

数時間前に終わったNYダウが上昇し、当日の日経平均にプラスに働く場合は、寄り付き価格が高めに反応する傾向があります。その後時間を経るにしたがって株価は落ち着いてきます。寄り付き付近で株価が上昇したときが売却による利益確定のチャンスです。逆にダウが大幅下落した時は、購入のチャンスです。寄り付きの株価は下落幅が大きくなる傾向があります。その後下げ過ぎの場合も徐々に修正されてきます。市場開始後30分が勝負という意味がお分かりいただけたと思います。私の場合は利益の8割近くを9時から10時までの1時間の売買で得ています。

●後場の始まり30分と終値前30分も動きが活発

もっとも、高齢者の皆さんの中には退職し自宅にいる時間が多い方も少なくないと思います。私の場合も、会議などの約束がなく、終日家にいることがあります。このような時にはパソコンのネット株をちょくちょく見ます。これまでの経験から言えば、朝9時から長くて1時間のほかに、株価が比較的動いて売買が成立する時間帯が二つあります。一つは後場《ごば》が始まった直後30分、もう一つは後場が終わる直前30分です。後場は昼の12時半から始まります。前場《ぜんば》が終わる時間が11時半なので、1時間の休憩を挟みます。この間も外国為替市場は開かれています。この間に円相場が大きく動く場合があります。また日銀の金融政策決定会合が年に8回、2日間の日程で開かれます。最終日の2日目、正午過ぎに「経済・物価情勢の展望」（基本的見解）が発表されます。その内容次第で円相場や日経平均が大きく動く場合があります。後場寄り付きの株価にその影響が投影されるからです。

もう一つは後場の引け直前30分です。東京市場は15時に終わります。その直前の14時半ごろからの30分、株価が比較的変化する傾向があります。一日の取引のバランス調整や取引が始まった上海、香港などのアジア市場の動向によって、株価が変動することがあるためです。

最近では特に上海株の動向が日経平均に大きな影響を与えるようになりました。例えば米中貿易戦争で、トランプ大統領が追加的に中国製品に対し輸入関税を引き上げるなどと発言すると、それを嫌気して人民元安（対ドル相場）となり、上海株下落につながる場合があります。上海株が下落すると、それに引きずられて日本の株価も下落することがあります。上海市場が開くのは午前10時半(日本時間)。前場10時頃までは上昇していた日経平均が10時半過ぎから11時頃に突然急落し、後場に入るとさらに落ち込みが大きくなる時があります。株を始めた頃はその原因がよく分かりませんでした。いろいろ調べた結果、「上海株の下落が原因」の場合が多いことが分かりました。このため必要に応じて上海株の動向をチェックすることもあります。上海株だけではなく、香港、シンガポールなどアジア関連の株価が横並びで下落する場合も日経平均にはマイナスに働きます。拡大を続けるアジア経済圏の動向が無視できなくなってきたことを示しています。

このように一日の取引時間の中で、株価が動きやすい時間帯があります。だからといって「石橋攻略」では一日中パソコンにしがみつくことは勧めません。それでは疲れてしまいますし、朝の1時間程度集中するだけで十分です。残りの時間は仕事なり趣味なりスポーツ、散歩などに振り向ける余裕が欲しいものです。毎日、儲けた、損したといったことだけで頭がいっぱいになってしまっては人生の時間の使い方としてはもったいないと思います。

◇ダウと日経平均　相似形で動く不思議さ◇

米国を代表するNYダウと日経平均株価はこの10年ほど、相似形を描いて動いているように見えます。両指数の変化を長期的に振り返ると、1980年代までは両者の変化に特別の関係は見られません。ダウは米国の事情、日経平均は日本の事情によって別々の変動をしてきました。90年代初めにバブルが弾けた後、日本は「失われた20年」「失われた30年」といわれる長期低迷期に入ります。この間、ソ連を中心とする社会主義体制が崩壊する一方、中国、韓国、台湾などの東アジア諸国・地域、さらにシンガポール、マレーシア、タイなどの東南アジアグループがそろって経済発展の勃興期を迎え、経済・金融のグローバル化が一気に進みました。特にリーマン・ショック後、東京証券市場の取引主体は大きく変わりました。

それまでは日本の場合、個人投資家が取引の中心でしたが、リーマン・ショック後は外国人投資家の取引割合が急速に高まり、現在では取引の70％前後を彼

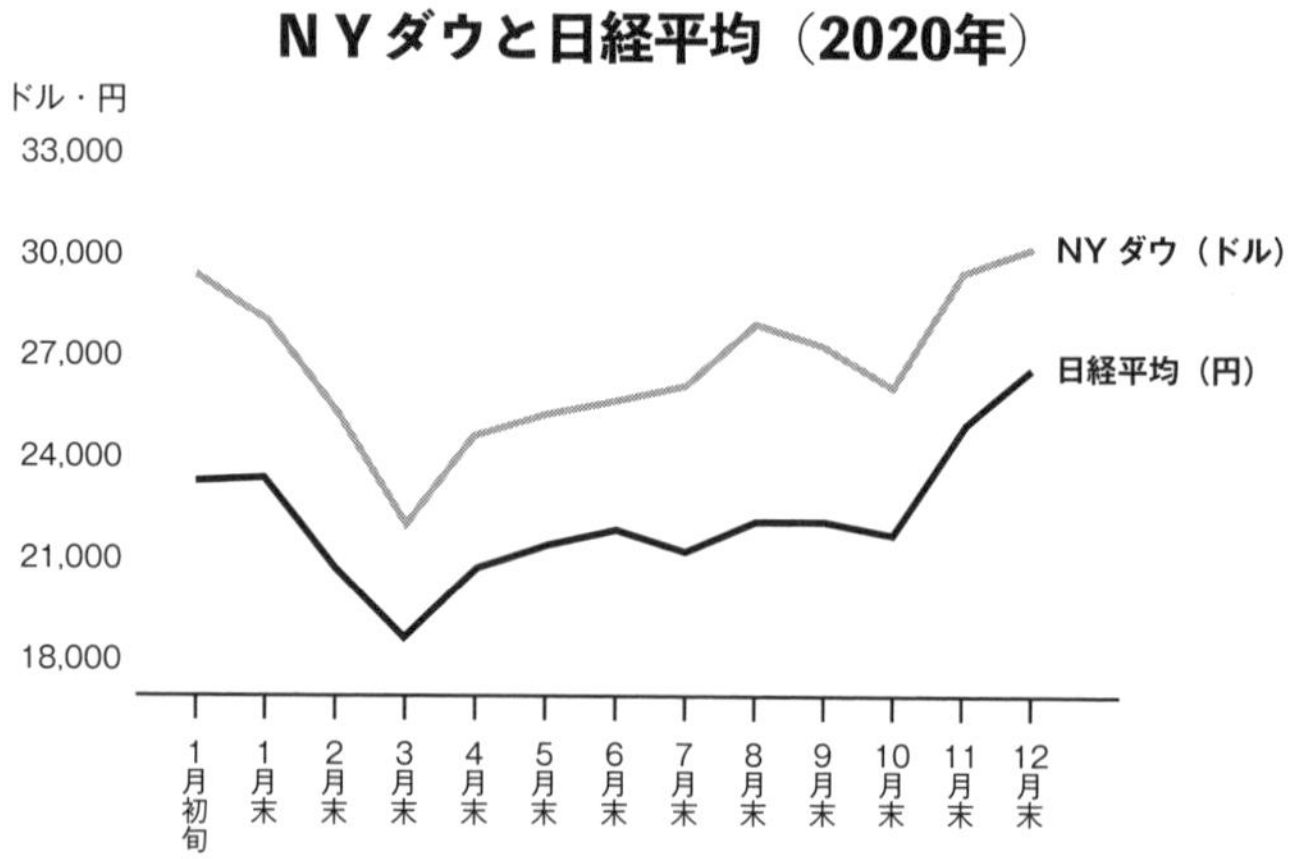

らが占めるようになりました。外国人投資家は日本の経済指標などにはあまり関心を示さず、米国の雇用統計や金利動向、ＦＲＢ議長発言などに敏感に反応します。時差の関係で東京市場は数時間前に終えた米国市場のＮＹダウやドル円相場の影響を受けて始まるため、ダウが上がれば日経平均も上がる、下がれば下げるという相似形が形成されます。

図は昨年（20年）のＮＹダウと日経平均の推移ですが、両指数が相似形であることが分かります。コロナ・ショックで3月にダウが大暴落すると、日経平均も大暴落、年末にかけダウが史上最高値を記録すると、日経平均も急上昇し大納会終値は2万7444円まで上昇しました。バブル絶頂期の1989年の大納会終値以来、31年ぶりの高値でした。

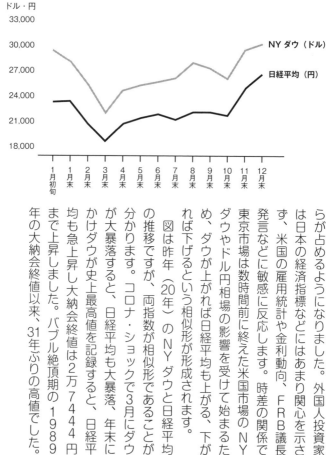

●「5月に売れ」、季節によって規則的変動

「石橋攻略」は1月から12月までの1年間を一区切りと考えています。株取引にかかわる税金は12月が最終月です。税金を支払った後、1年を振り返り、どのくらい利益を得たか、逆に赤字を出したかを計算し、翌年を展望します。

1年を月ごとに見ると、株価が比較的順調に上昇する月、逆に低迷ないし下落する月があります。米国の株格言に「5月に売れ、9月に戻ってこい」という有名な言葉があります。原文は「Sell in May and go away. But remember come back in September」です。5月に株を売ってどこかへ（遊びにでも）行け、ただし9月には戻ってこい、という意味です。この「5月に売れ」は、日本の投資家の間でもよく知られています。

株価が季節によって上がったり下がったりする現象を理論的に説明することは難しいと言われています。株式市場では、なぜそう動くのかわかりませんが、ある季節になると株価が上昇し、別の季節に移ると下落するという現象がみられます。この現象のことをアノマリー（変異性）と言います。

日経平均も1年を展望すると、季節によって上がったり下がったりする現象が見ら

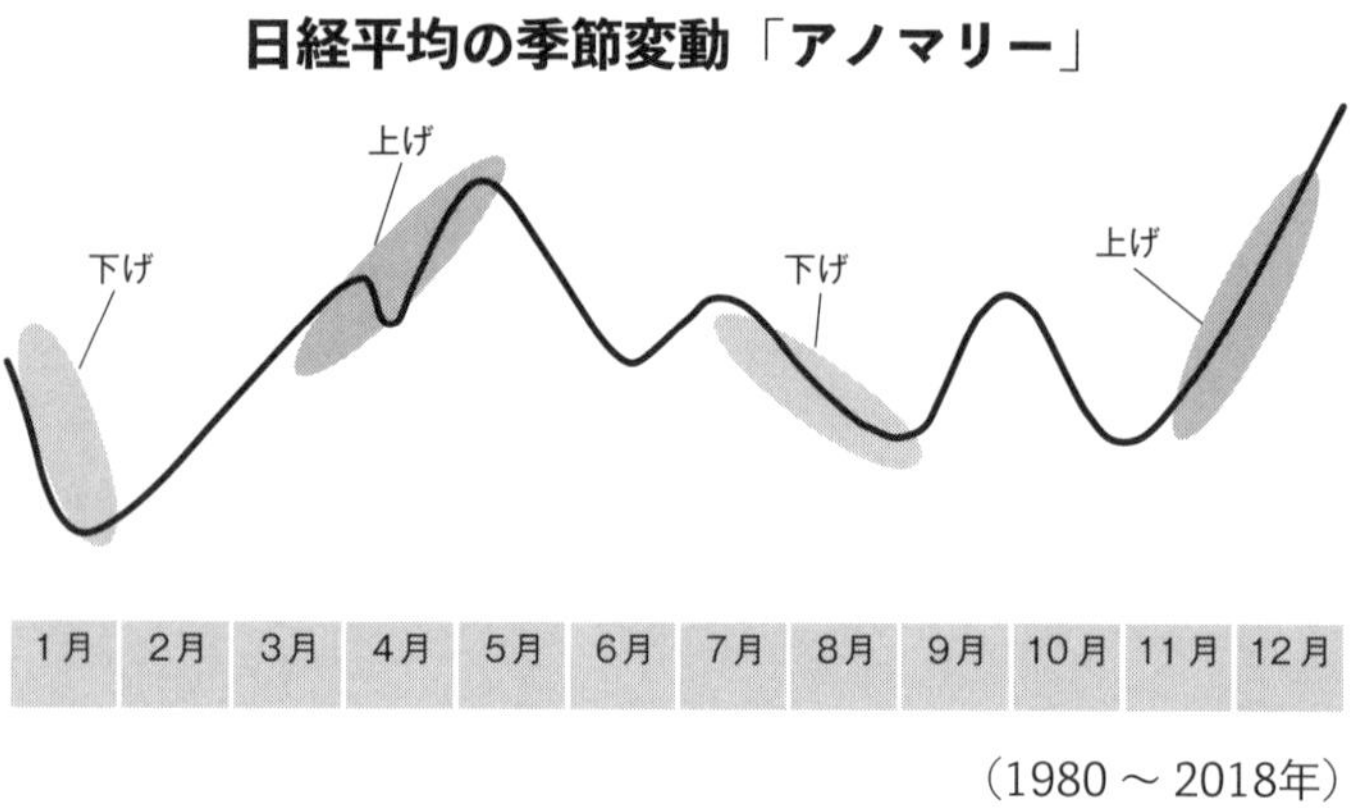

れます。上の図は過去10年分の日経平均の動きをまとめたものです。1月初めに高値を付けたあと、2月に向けて下落し、3月頃から上向きに転じ、5月頃まで上昇します。3月末から4月初めにかけて少し下落するのは、配当落ちの影響です。その後、6月から9月頃まで低調な相場に移行します。10月頃から株価は少しずつ上昇に向かい、11月から12月のクリスマス前後に大きく上昇し1年を終えます。

なぜ、株価が季節によってこのような規則的変動をするのか、理論的に上手く説明できません。アメリカでは6～8月はバケーションシーズンなので、市場参加者が減って株取引が細り、株価が下がりやすくなると考えられています。9月になると、休日明けでビジネスが活発になり、それに伴って株取引も膨らみ、上昇するという解釈です。

一理ありますが、それだけで説明するのは無理があります。

過去の経験則から、上昇するとされる季節には市場関係者が一斉に購入するため上昇し、下落する季節には市場参加者が一斉に売りに動くため、下落に拍車がかかるのではないか、という説明もあります。いずれの説明もそれなりの説得力はありますが決め手にはなりません。

日経平均のアノマリーをどの程度信用して日常の取引に利用するかは、市場参加者によって異なります。私の経験から言えば、日経平均のアノマリーは外部からの大きな衝撃がない限り、かなりの確率で存在しているように思います。

株価の季節性に関連して「1月効果」という言葉があります。1月初めの大発会（1年間の取引の初日）からその週の最終日にかけて株価が上昇する現象のことです。

企業は年末に税金対策として不採算の株式を売却（損切り）し、財務内容の改善を図る傾向があります。そして新年に入ると心機一転、売却で得た資金で新たに有望銘柄を購入する動きを強めます。そのため、買い需要が一時的に膨らみ、株価を押し上げると考えられています。その後下落に転ずることはすでに指摘した通りです。

●季節性を無視し20万円を超える損切り

私も株価の季節性を考慮せず、14年に失敗した苦い思い出があります。1章でも触れましたが、11月下旬から12月にかけて株価がピークに近いところで信用買いをして失敗したケースです。14年の年間損益が赤字に陥ったのはそのためです。具体的に説明しましょう。

11月下旬から12月に向けて日経平均は上昇を始めました。狙いを定めていたメガバンクの株価も上昇を続け、買いチャンスを逃したと諦めていました。ところがその数日後、意外にも株価が100円ほど下落しました。即座に信用で100株購入しました。翌日も50円下落したので100株購入、こんな調子で下落すると購入を続け、計500株購入しました。

「うまくやった」とその時は思いましたが、残念なことに、株価はさらに下げ続けました。金利負担は月を追って増え続けます。6か月の期限が迫ってきましたが、改善の気配はありません。結局、4月末から5月にかけて500株を損切り、その結果20万円を超える赤字になってしまいました。

後で、失敗の原因を考えてみましたが、株価の季節性を過小評価したことにあったように思います。私の場合、7月～9月に信用取引で押し目買いした株式を11月から12月に売却し、利益を確定しました。そのため手持ちの株式が少なくなり、逆に現金が増えました。手持ちの株式を増やすため、少し下落すると買いチャンスと錯覚して、過剰に買ってしまったわけです。

冷静に考えれば、ピークに近い状態の時、少し下落したのをチャンスと勘違いして、高値買いをする愚を避けられたはずです。年明けを待って、2月頃株価がボトムに近づいた段階で購入すれば、損切りに追い込まれるどころか、差益を得ることもできたのではないかと悔やまれます。季節性を過小評価した失敗だったと思います。

●トランプ発言で株の季節性が損なわれた？

18年の日経平均は「アメリカ・ファースト」を掲げるトランプ大統領の言動に大きく振り回されました。特に米中貿易戦争関連の言動で株価は乱高下しました。1月から3月にかけての株価は過去の季節性に沿って下落しました。だがダウは秋口に入ると、9月下旬から10月初めに騰勢を強め、10月初めにピークを付けたあと12月下旬まで下落をしました。株価の季節性は完全に損なわれてしまいました。日経平均も同様の動きをしました。

株価の季節性は、あくまで経験則に基づくものです。今年うまくいったので来年もその通りいくと思っては、とんだしっぺ返しを受けるかもしれません。経済は生き物です。米国や中国経済の動向、金融政策の変更、保護貿易の台頭、イノベーション、経済要因以外でも自然災害の発生、地政学リスクなど様々な要因で経済活動は影響を受け、株価の季節性が失われる場合も少なくありません。しかし、突発事件のない普通の年なら季節性が存在していることも確かなようです。株価の季節性を上手に使いこなし、有利な取引ができるかどうかはあなたの手腕にかかっています。

●株価変遷の「おおよそ」を知り、相場観を身に付けよう

株価がどのような変遷を経て今日に至っているのかの「おおよそ」を知ることは、自分なりの相場観を身に付けるために必要です。株価は小幅な上昇、下落を繰り返しながら長期的な変化を続けています。景気がよく長いトレンドで見て株価が右肩上がりの上昇局面にある時でも、株価はその過程で小幅な上下変動を繰り返します。逆に不

況が続き株価が右足下がりの局面でも、短期的に見ると、株価は一直線で下げ続けることはなく、上下変動を繰り返しながら全体として下落していることが分かります。

さらに上昇していた株価がある日を境に下落に転ずる場合、逆に下落していた株価がある日を境に底を打ち上昇に転ずる場合もあります。なぜ、そのような転換が起きるのか、その理由を探り、自分なりに納得することが大切です。景気や物価動向、金融政策の転換、対外貿易摩擦、地政学リスク、さらに経済活動に深刻な影響を与えるようなテロや事故、大地震や大雨、洪水などの天変地異など様々な要因が複雑に絡み合って株価に影響を与えます。さらに株価は取引に参加する人々の考え方、行動様式の違いにも大きな影響を受けています。そのためにも、「おおよそ」の戦後の株価の動きを頭に入れて、過去の変化の要因などを知識として持っていると安心です。

戦後日本経済の規模がまだ小さかった1950年代までは、個人投資家の売買シェアが高く、個人が相場の主役を演じていました。この頃は株式の配当利回りが国債利回りを大きく上回っていた時代で、配当収益を目的に株を購入し長期保有する個人投資家が多かったようです。一方でユニークかつ大胆な相場師が現れ、一夜にして巨万の富を得たとか一文無しになったなど、その振るまいが世間の話題になりました。

60年代に入ると、日本は高度成長時代に向け走り出します。この過程で個人投資家の比重は年を経るごとに低下し、銀行や一般の事業会社などの法人が主役になってきます。この時代の特徴は株式発行による資金調達の場というよりも、安定株主づくりや取引先との関係強化を目的とした「株式持ち合い」のための取引が主流でした。法人が投資の採算を軽視して株式保有を続けたため、実際に市場に出回る株数が不足し、日本の株価は世界的に見て割高で推移するという歪んだ姿になりました。

●バブルの膨張と破裂、90年代以降の低迷

80年代に入り、日本経済が成熟してくると、カネ余り現象が起こってきました。80年代後半に入ると、財務テクノロジー（財テク）に入れあげる企業が急増します。企業はエクイティファイナンス（新株発行を伴う資金調達）や低利の調達資金を株式、債券、土地などに振り向け、積極的に運用益の拡大を目指しました。この結果、株価、土地価格などが急騰しました。バブル時代の到来です。株式市場に目を向ければ、企業は株高を利用してエクイティファイナンスを繰り返し、余ったお金を積極的に株式市場に投入し、巨額の運用益を得ました。

しかしバブルはいつか弾けます。89年末に3万8915円という史上最高値《さいたかね》を付け

たのを最後に株式相場は90年代に入り長期的な低迷期に陥りました。株価が下落を始めると、まず企業の財テク資金が株式市場から流出しました。元本割れを起こした投資信託の解約で、個人資金も株式市場から撤退していきました。90年代半ば頃からは銀行の不良債権問題が深刻化し、銀行の持ち合い解消が急激に進みました。株式需給が緩み、株価下落を加速させました。90年代、株価は一貫して下落を続け、主役不在の冴えない時代に陥りました。

２０００年代に入ってもこうした低迷からなかなか抜け出せませんでした。運用成績の悪化に苦しむ企業年金も株式運用を縮小する傾向を強め、需給悪化がさらに深刻化しました。

株価の低落に危機感を抱いた政府による公的資金の投入があり、一方、日本株の割安感に着目した外国人投資家の買い手としての登場がありましたが、株価の長期低落に歯止めをかけるまでにはいたりませんでした。

●りそな銀行救済が反転のきっかけ

03年４月28日、日経平均株価は７６０７円で引け、バブル崩壊後の最安値《さいやすね》を記録しました。日本経済は金融恐慌の一歩手前の状態に追い込まれました。この危機を救ったのが、同年5月に小泉政権が発表した「りそな銀行救済」です。公的資金の投入による救済ですが、その際、株主責任を問わないという画期的な内容です。この決断により、金融恐慌への懸念が払拭され、長年、株価を抑えてきた銀行の不良債権問題が一段落したとの見方が市場に広がり、株価が反転に向かいます。

反転を支えたのが外国人投資家です。外国人投資家の関心は、個別企業の業績などのミクロ情報よりも、マクロ情報を分析し、東京市場がトレンドとしてどちらの方向に向かうのかを重視する戦略です。小泉純一郎首相は、05年9月に郵政民営化の是非を問う総選挙に踏み切り、圧勝します。外国人投資家は日本の構造改革が前進すると評価し、日本株を積極的に購入します。それまで50%足らずだった東京市場での外国人売買シェアは60%を超えるまで高まりました。

日経平均も上昇の一途をたどり、リーマン・ショックの直前には1万8000円を超えるまで回復しました。しかし、この流れは08年9月15日のリーマン・ショックで頓挫します。

●リーマン・ショックで暴落、アベノミクスで回復

アメリカの大手証券会社「リーマンブラザーズ」の経営破綻による金融不安は、瞬時に世界中を駆け回り、日米欧の証券市場の株価は暴落しました。その影響は日本が特に深刻で、翌09年3月10日の終値は7054円にまで下落しました。小泉政権下の最安値をさらに下回り、バブル後の最安値を更新しました。わずか半年ほどで日経平均は1万円を超える下落になりました。

リーマン・ショックの影響は長期化し、日経平均は1万円以下に沈んだ状態がほぼ12年後半頃まで続きました。第2次安倍政権発足前の同年10月末の日経平均は9000円を下回っていましたが、11月末には9000円台を回復、安倍政権発足後の12月末には1万円を回復しました。円相場も12年10月末に70円台だったのが、同年末には86円台まで円安が進みました。

その後日経平均は急速に回復、17年12月29日(大納会)の日経平均終値《おわりね》は2万2764円で終えました。年末終値としては26年ぶりの高値を更新しました。年間上昇は3650円高で、6年連続の上昇です。第2次安倍政権の5年間で株価は約2倍に跳

ね上がったことになります。

●ウインブルドン現象、売買シェア70%が海外投資家

景気浮揚を目指したアベノミクスの展開で株価は上昇トレンドをたどり、今日に至っています。株式市場の参加者は証券会社、個人投資家、外国人投資家、事業法人、金融機関、投資信託、年金信託、公的資金など多様化しています。金融機関をさらに細分化すると、生保・損保、銀行、信託銀行、投資顧問などに分類できます。

様々な投資主体が参入していますが、近年の最大の主役は外国人投資家です。外国人投資家がどの程度の売買シェアを占めているのかを知るためには、東証が週間ベースで発表している主体別売買動向が参考になります。

次ページの表は20年12月中旬の取引主体別売買シェア（金額ベース）です。この表からも明らかなように、売買シェアの約70%を外国人投資家が占めています。約22%が個人投資家、残りの9%を金融機関などの法人が占めています。

さらに168ページのグラフは楽天証券経済研究所が作成した日経平均と外国人の売買動向との関係です。外国人が買い越している週は日経平均が上昇しており、逆に

取引主体別売買シェア

（東京証券取引所調べ）

主体別	売買シェア%（2020年12月14～18日）	売買シェア%（2018年11月26～30日）
法人	8.2%	10.0%
個人	21.6%	15.0%
海外投資家	69.3%	74.5%
証券会社	0.8%	0.5%
合計	99.9%	100.0%

売り越している週は日経平均も下落傾向を示していることがお分かりいただけると思います。

話が前後しますが、外国人投資家とは個人も含まれますが、中心は海外の年金基金、投資信託、保険会社、ヘッジファンドなどの総称です。

テニスの4大国際大会の一つにウインブルドン選手権（全英オープン）があります。ウインブルドン現象とは、この大会を勝ち残る選手に英国人がほとんどいないことを皮肉って名付けられた言葉です。

これをなぞって、日本の市場でありながら、外国人投資家が売買を通して株価に大きな影響を与える現象を「株取引のウインブルドン現象」と呼んでいます。日本にも「ひさしを貸しておもや（母屋）を取られる」という似た表現があります。

いずれにしても、市場参加者が日本人であれ外国人であれ、市場のルールに従って取引をし、市場が活況を呈

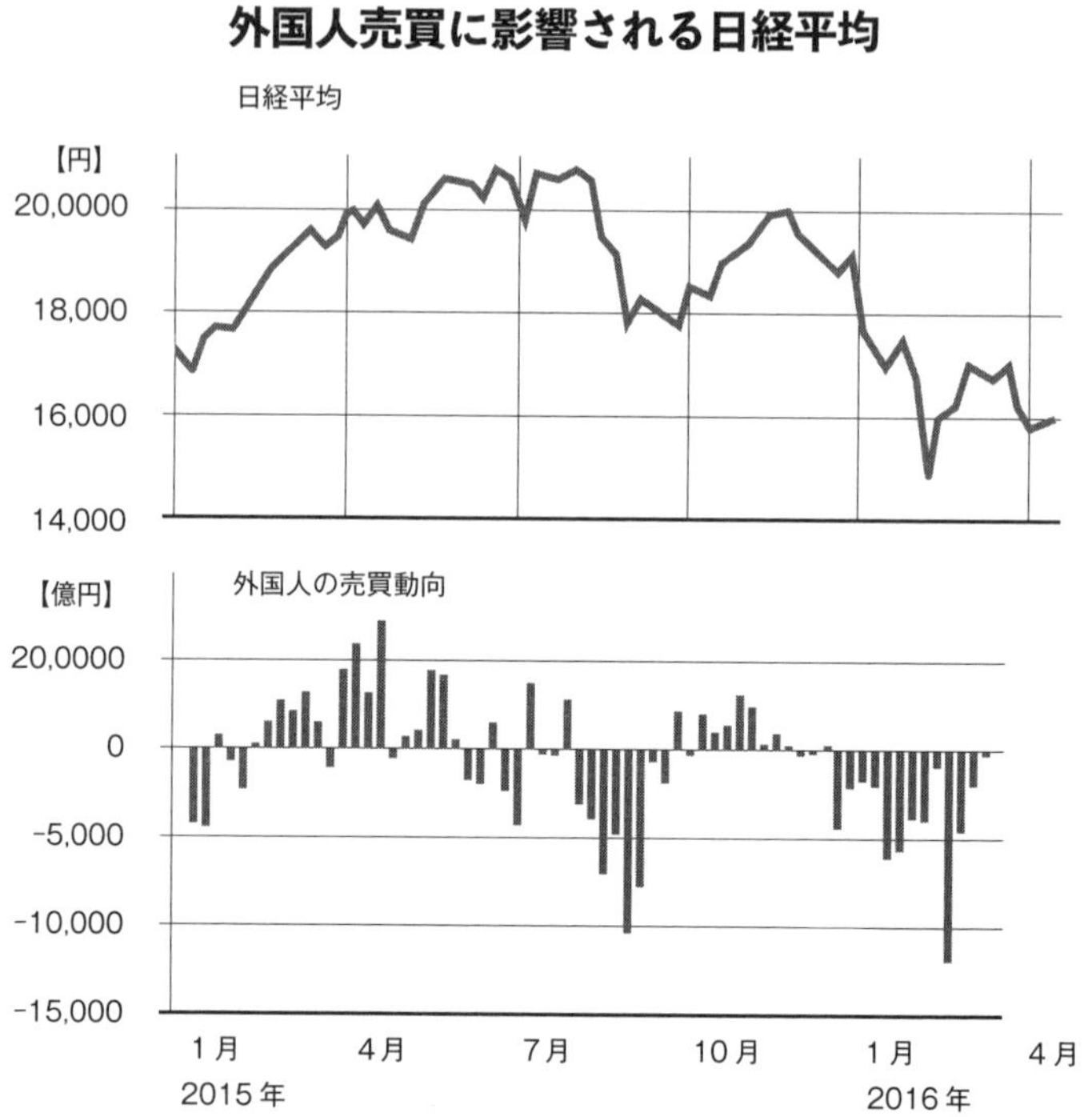

している限り問題はないというのが政府や証券取引所の基本姿勢です。

経済のグローバル化、ＩＣＴ革命の急速な進行で、お金の国境がなくなってしまった現在、嘆いていても始まりません。「石橋攻略」もグローバルレベルの目配りが求められます。

●外国人投資家が主役になったわけ

アベノミクスが始まってすぐに、円の対ドル相場はどんどん円安になり、それにつれて株価も上がり続けました。未曽有の上げ相場なのに、なぜそこで日本の投資家が儲けられず、おいしいところをみすみす外国人投資家にさらわれてしまったのでしょうか。

それは、日本の投資家たちはアベノミクスによって株価が上がるとは予想しなかったし、予想できなかったからです。アベノミクスはそれまでの経済政策の「日本的常識」とは正反対の「異次元金融緩和」を掲げて登場しました。「失われた20年」と言われるデフレ時代の真っただ中にあっても、政府、日銀は既存の政策を変更せず、デフレを長引かせる財政赤字削減策や増税政策を行っていました。

そこに、国債をどんどん発行して通貨を増やす「異次元」政策を掲げるアベノミクスを安倍首相が言い始めたので、当時の民主党政権だけでなく、日銀も財務省も、ほとんどのエコノミスト、経済評論家、新聞・テレビなどのマスコミ各社も、一斉に大反対しました。

「異次元」という言葉は安倍首相が言った言葉ではなく、その政策を批判するマスコミなどが付けた言葉です。「異次元」金融緩和をすれば、日本経済はハイパー・インフレになってすぐに崩壊するというのです。

●リフレ派経済学にうまく便乗した外国勢

しかし、民主党政権の失政に愛想をつかした国民は自民党政権を選び、アベノミクスが始まりました。その中核理論をなすのはリフレ派経済学の考え方です。それは欧米では主流の正統派理論で、フリードマン、クルグマンなどのノーベル賞経済学者だけでなく、バーナンキ前ＦＲＢ（米連邦準備銀行）議長など実務家も信奉している世界標準の理論です。しかし、どういうわけか、日本では全く異端の理論として、バカにされていました。

リフレ派経済政策を掲げる安倍首相が政権に返り咲きそうだと予想した欧米投資家は、チャンス到来とばかり、安倍内閣が誕生する前から東証で株を買い始めました。デフレ真っただ中の日本で金融緩和すれば、超インフレになるはずなどなく、円安、株高になると考えたのです。そこで安倍内閣発足後も外国人による大量買いが続き、外国人は日本株投資で大いに儲けました。

ところが、マスコミや財務省、日銀によって「異次元金融緩和」はトンデモ政策だと吹き込まれていた日本の投資家は株に手が出せませんでした。実に残念なことです。

しかし、リーマン・ショック後、通貨増大で危機を乗り切っている欧米諸国を横目に、日本だけはリフレ政策をバカにし、相変わらず深刻なデフレに苦しみ続けました。デフレは日本だけの人為的政策ミスによるものだということが無視され、金融緩和策は政府、日銀、マスコミなどに全く受け入れられませんでした。

●昭和恐慌救った異次元緩和

「異次元金融緩和」はかつて昭和恐慌を救ったことがある政策です。第1次大戦後、金本位制から離脱していた当時の日本は、昭和に入って金融恐慌にあえいでいました。当時の浜口雄幸内閣は先進国としてのメンツを考え、金本位制に復帰するため、緊縮財政を採用し、通貨を絞りました。それが運悪く、アメリカ発の大恐慌の襲来と重なり、日本経済は嵐の中で雨戸を開け放つような惨状になりました。

そこから脱却するため、井上準之助大蔵大臣に代わった高橋是清蔵相は金本位制からすぐに離脱し、大幅な金融緩和をしました。この画期的な政策によって日本は、先進諸国の中で最も早く恐慌から脱出した国の一つになりました。元ＦＲＢ議長だったバーナンキ氏は有名な論文で、金本位制から早期に離脱し、金融緩和を行った国ほど、早く大恐慌から回復できたと述べています。

「明日伸びんがために今日縮む」という誤った緊縮政策をかたくなにとり続け、日本を大不況のどん底に陥れた井上準之助の生涯は、城山三郎氏によって「男子の本懐」として小説化され、今でも多くの知識人に人気があります。不況時にさらに金融を締めるという失策をしたと私は思っていますが、自分が正しいと思ったことをやり抜く姿勢に男の美学を感じるのでしょうか。財務省の新人研修のテキストにも使われたことがあるそうです。

１９９０年代初めからの「失われた20年」の間、政府、日銀からマスコミ、エコノミストまで、ほとんどの考え方が世界標準の対極にあった日本ですから、東証が外国人に席巻され、日本人が手出しをできなかったのも、残念ながらやむを得なかったと言わざるを得ません。

しかし、アベノミクスで6年以上続いている異次元金融緩和によっても2％上昇の物価目標は達成できず、一部の経済指標は好転しているものの、多くの国民が「暮らしが豊かになった」と実感するまでの道のりはまだ遠いのではないでしょうか。今後の日経平均の動きについて慎重に見極めながら、「石橋攻略」を活用して利益確保に努めてください。

●米国市場の動きから日経平均を予測

東京市場で海外投資家の売買比率が7割を超えるほど大きくなってきたことで、日経平均を動かす要因にも大きな変化が出てきました。第1に指摘できることは日本の主要な経済指標の影響力が相対的に小さくなってきたことです。かつての高度成長期には経済成長率や機械受注、失業率などの雇用統計、貿易収支などの指標が発表されると株価は敏感に反応したものです。最近では足元の経済動向を最も敏感に反映する日銀の短観、経済成長率などが発表されても、株価への影響はそれほど大きくありません。

第2に指摘できることは第1の理由と裏腹の関係になりますが、米国の経済指標、例えば毎日のダウ平均やドル円相場、金利、毎月発表される雇用統計、四半期別ＧＤＰ速報、トランプ大統領やＦＲＢ議長発言などが日経平均に大きな影響を与える傾向が見られます。海外投資家は日経平均とダウとの密接な相関関係に着目し、日本国内の経済指標よりも東京市場が始まる数時間前に終わる米国市場の動きを見て、東京市場での株式売買をしている傾向が読み取れます。

●前門のトラ、後門のオオカミのジレンマも

「東京市場の株価が国内指標よりも米国指標の変化に敏感に反応する」と指摘しましたが、最近ではGDP世界2位の中国の経済指標の影響も少なからず受けるようになっています。トランプ大統領が仕掛けた米中貿易戦争が激化して、ダウが大幅に下落すれば、「右へ倣え」で日経平均も大幅に下落する傾向が見られます。数年前まではそこで終わっていました。

しかしこの数年、米中貿易戦争の影響で10時半から始まる上海株が大幅下落するケースが起こっています。その影響を受けて日本株（日経平均）もその頃から後場にかけてさらに大幅に下落する現象が見られます。18年には、前門のトラ（ダウ）と後門のオオカミ（上海総合指数）の板挟みで、日経平均がダブルパンチで下落する最悪の事態が何度か発生しています。

日経平均が海外投資家の動きに大きく影響される時代を迎えて、特に米国と中国の経済動向には目を離せなくなりました。

●GPIFと日銀、存在感増す公的マネー

株式市場で海外投資家の影響力が高まっていますが、この数年は公的マネーの存在感も大きくなっています。公的年金を運用する年金積立金管理運用独立行政法人（GPIF）がその一つです。GPIFは約160兆円の公的年金を運用する日本最大の資産運用機関です。

GPIFは14年に内外の株式の運用比率をそれまでの24％から50％に引き上げました。国内株の保有総額は、20年9月末現在で約42兆円。トヨタ、三井物産、JR東日本、コマツ、ファーストリテイリングなど日本の上場企業の約6割に当たる2300銘柄を保有し、保有比率が上位の大株主になっています。GPIFの売買動向が個別銘柄に与える影響は無視できません。

もう一つが日銀による上場投資信託（ETF）の購入です。主要国では例をみない日銀のETF購入は10年10月に始まりました。その時の買い入れ額は284億円と少額

でしたが、黒田日銀総裁の就任（13年3月）以降、異次元金融緩和の一環として急増しました。同年の買い入れ額は1兆円を超え、15年には3兆円を突破、そして16年7月には買い入れ額を6兆円に拡大しました。さらに20年3月には買い入れ上限額が12兆円に引き上げられました。株価が下落すれば、日銀が下支えしてくれるという安心感が市場参加者の間で定着しています。日銀の累積ＥＴＦ保有残高は20年11月末時点で約45兆円に達し、東証1部の時価総額の約6％に相当します。

日本経済新聞社の推計によると、19年3月末時点で、日東電工やファナック、オムロンなど23社で日銀が筆頭株主になっています。また上位10位以内の株主を指す「大株主」基準では、49・7％と約半数で日銀が大株主になっています。公的資金による株式保有率の拡大は「市場の規律を損なう」との批判もあります。

もっともＧＰＩＦの資金運用や日銀のＥＴＦ購入の実際の業務は、信託銀行などにゆだねているため、一定の時間がたたないと詳細が分からないなどの問題があります。

●節税対策として、ＮＩＳＡを上手に活用しよう

ＮＩＳＡ（ニーサ）とは小額投資非課税制度の略語です。２０１４年1月からスター

トしました。

証券優遇税制は「貯蓄から投資へ」を加速させるため、03年1月に5年間の時限措置として導入されました。その結果、株式の配当や譲渡益にかかる所得・住民税は、銀行預金利息などの20％に対し、10％に引き下げられました。その後、リーマン・ショックなどで延長されましたが、市場も安定してきたため、11年ぶりに14年初めから20％に引き上げられました。株式にかかる所得・住民税率が2倍に引き上げられるため、その衝撃を軽減する措置として登場したのがＮＩＳＡです。ＮＩＳＡは個人投資家のための税制優遇制度です。毎年上限１２０万円の非課税投資枠が設定され、株式・投資信託などの配当・譲渡益が非課税対象になります。最長5年間有効です。

「石橋攻略」ではＮＩＳＡを積極的に活用することを勧めています。最大１２０万円の投資で得られる配当金・譲渡益が非課税になるのはそれなりに魅力です。１２０万円投資して、その1割、12万円の利益を得ても、20・３１５％の税金（復興特別税が追加された）を差し引けば、手元に残るおカネは約9万５６００円です。ＮＩＳＡを活用すれば、12万円がそっくり残ります。

ＮＩＳＡ口座は「石橋攻略」の特別口座とは別の口座ですがＮＩＳＡ口座の新設を届け出れば、証券会社が自動的にやってくれます。上限１２０万円を過不足なく利用することは、実際には難しいと思います。購入する株式の総額を120万円にできるだけ近づける努力が必要です。

5年間有効のNISAですが、可能ならば年単位で勝負するとよいでしょう。

私は17年にNISA口座で119万5050円相当の株式を購入しました。上限が120万円なので、未利用金額はわずか4950円でした。同年中にこのうち91万4776円相当の株式を売却し、11万7076円の利益を得ました。NISAでなければこの利益から2万3783円が税金として差し引かれ、差益は9万3293円になってしまう計算です。売却した残りの約30万円弱相当の株式はこの時点では1240円の損失になっていました。

NISAで利益を出すためには、銘柄の選定が大切です。120万円の枠の中で、どの銘柄をどの程度購入するかがカギになります。「石橋攻略」の対象に選んだ銘柄の中から選ぶのがよいでしょう。17年の私の場合、三菱UFJ、りそな、みずほ、伊藤忠、ベステラを組み合わせて購入しました。いずれも3月期決算配当が得られるように、3月の配当落ち日前に購入しました。購入方法は特別口座と同じです。

●年末に損切り、税額2割還付で赤字補填

現物取引にしても信用取引にしても、安値で買ったつもりが現実には高値買いになってしまい、損失を抱えてしまうケースが起こります。現物買いの場合は、将来の値上がりを期待して、余裕があれば1年でも2年でも持ち続けることができますが、信用取引では6か月以内に清算しなければなりません。

すでに説明したように、現行の証券取引で配当金・譲渡益については約20％の税金がかかります。逆に赤字（損失）を出した場合には損失額の約20％の税額還付があります。もっとも税額還付が受けられる限度は、納入した税額の範囲内です。大幅な赤字を出して納税額を上回った場合は、上回った分の赤字には税額還付はありません。

とはいえ、税額還付は大きな戦力になります。一つ苦い経験があります。数年前にガン治療のためのワクチン開発に乗り出したベンチャー企業（ジャスダック上場）の株式を現物購入しました。具体的には株価約２０００円の同社株１０００株を購入しました。投資金額は２００万円です。それが1年後に約５００円まで下落してしまいました。売却すれば１５０万円の赤字です。現物なので値上がりするまで持ち続けても構

いませんが、この時は「将来の見込み無し」と判断し売却することにしました。まず売却代金50万円が戻ってきました。これに加えて、損失額150万円の約2割、30万円が税額還付として戻ってきました。私の実際の損失は150万円ではなく120万円で済みました。大損でしたが、税額還付はせめてもの慰めになりました。

株式税制を意識した株取引の1年は1月から12月までの暦年です。個人投資家もそうですが、法人や海外投資家も12月時点で損失を抱えている銘柄があれば、一括して損切りし、税額還付を得て、財務内容の改善を図る傾向が見られます。

以前に「1月効果」について触れましたが、1月初めに株価が上昇する理由の一つとして、この財務内容の改善があげられます。「石橋攻略」に取り組む個人投資家についても12月に懸案だった銘柄の損切りをし、新たに得た現金を次年への投資に振り向ける戦略は役に立つと思います。

●様々な株価チャートから売買のタイミングを養おう

株価の動きをグラフにしたものをチャート（罫線《けいせん》）と言います。株式市場では過去から現在に至る株価の動き（足取り）から将来の動きを予想するチャート分析に根強い人

日経平均の日足チャート

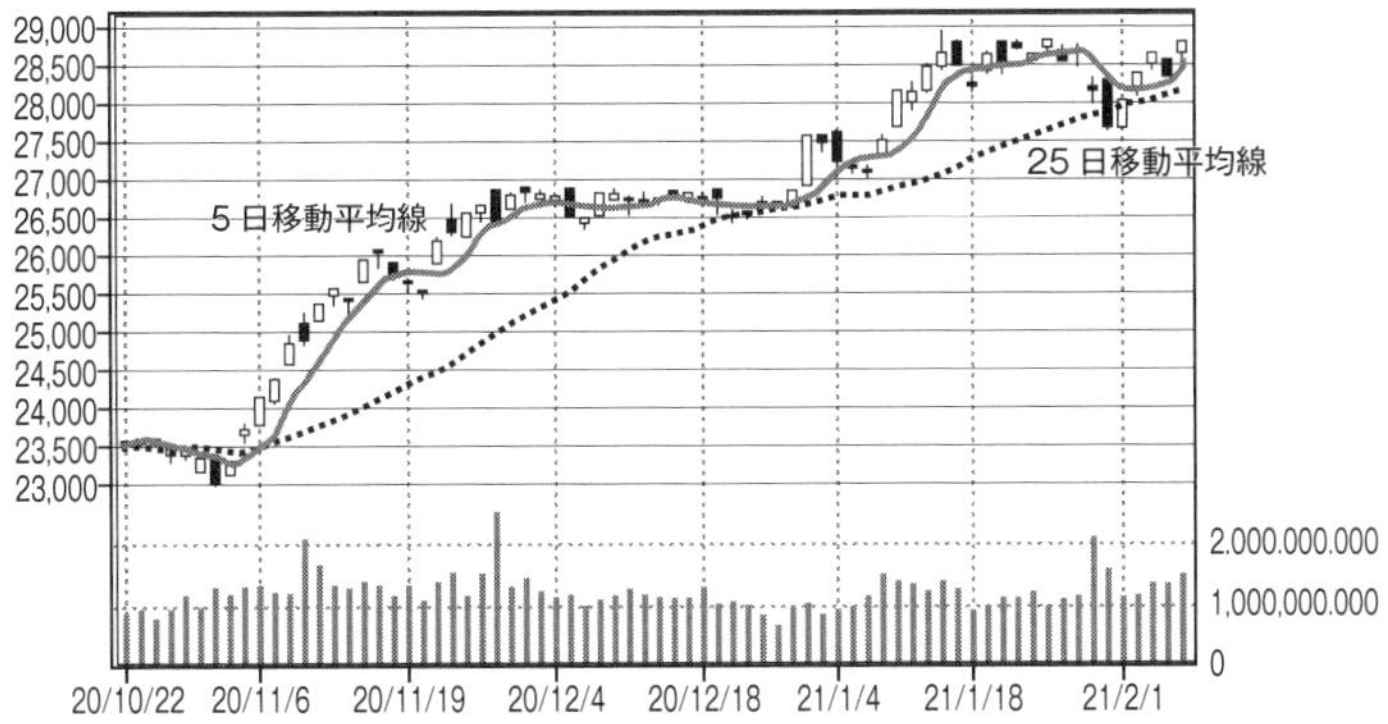

気があります。

チャートには、いろいろなタイプがあります。日々の株価の動きをグラフ化した日足《ひあし》一週間の株価を表した週足《しゅうあし》、さらに月足《つきあし》、年足《ねんあし》などがあります。日足や週足を見ることで比較的短期の株価の動きが分かります。月足、年足からは長期的な株価動向を知ることができます。投資家がチャート分析をするのは、様々なチャートから売りと買いのタイミングをつかみ、投資効率を高めることを目指すためです。

チャートの一つに移動平均線があります。移動平均線とは一定期間の株価の平均値を計算してグラフ化したものです。例えば、5日移動平均線とは、過去5日間の終値を合計して5で割って平均値を出します。翌日の平均値は最も古い日の株価を外し、今日の株価を足して5で割ります。このようにして作成したグラフが5日移動平均線です。株価は日々の特殊要因で変動するケースが多いため、特殊変動要因の影響を和らげる狙いで作成されています。

●実際の株価と移動平均線の関係

移動平均線には、5日移動平均線の他にも25日移動平均線など比較的短い期間のもの、13週移動平均線や26週移動平均線など中位の期間のもの、さらに12か月移動平均線や24か月移動平均線など年単位の長期間のものなどいろいろあります。長短の様々な移動平均線は、目的によって使い分けられています。日々の株価の変動を分析するためには5日移動平均線や25日移動平均線が役に立ちます。中長期的視野に立って、過去の株価がどのような変化をしてきたかを知るためには長めの移動平均線が参考になります。

株価は似たような波動を描きます。過去の最高値、最安値はどの水準だったか、最安値から最高値までどのくらいの時間がかかったかなどを全体的に俯瞰するためには、12か月、24か月などの長めの移動平均線が参考になります。

ネット株取引の場合、毎日の株価の動き（日足）はパソコン画面に表示されています。この日足線が移動平均を大きく上回れば、相場は過熱感から近い将来調整する公算が高まってくると判断できます。逆に大幅に下回れば、売られ過ぎの状態なので、近い将来持ち直す可能性が大きくなったと判断します。

●ゴールデンクロスは上昇局面のシグナル

短期の短い移動平均線と長期の長い移動平均線が共に右上がりの状態で、短期線が長期線を下から上に突き抜けることを「ゴールデンクロス」と言います。逆に両線が右下がりの状態で、短期線が上から下へ長期線を下げ抜ける状態を「デッドクロス」と言います。ゴールデンクロスは相場が中長期的に上昇局面にあるシグナル、デッドクロスは逆に下落局面にあるシグナルとされています。

株価が上昇局面にある場合、押し目買いのタイミングを判断する一つの指標として5日移動平均線や25日移動平均線が参考になります。株価が移動平均線より高値で推移しているが、何かの理由で移動平均線近くまで落ちてきた場合は、押し目買いのチャンスです。しかし、数日で勝負する場合は、移動平均線まで落ちるのを待たず、自分が想定する水準まで下落した場合は、購入する決断が求められます。ためらっているうちに、移動平均線まで下がらないうちに上昇してしまうケースも少なくありません。そのための適切な判断が相場観です。

すでに指摘したように、株価チャートは多くの投資家が利用しています。見た目も分かりやすいため、読み方を知っておくと便利です。とはいっても、チャートはあくまで過去の株価の足跡です。将来も当てはまるわけではありません。逆に将来は過去と全く異なる動きを見せるかもしれません。

株価は生き物、その時代の経済状況や流行、技術革新、国際情勢の変化などを色濃く反映します。その点で、チャート分析には当然限界があります。それを承知の上で、チャート分析から学ぶことが必要でしょう。

●三つの財務指標でチェックしよう

「石橋攻略」は優良銘柄を短期で売買し、利益を上げることが狙いですが、優良銘柄は企業財務面から選定すると効率的です。財務関連指標の種類は多岐にわたっていますが、その中から特に自己資本比率、株価収益率（ＰＥＲ）、配当利回りの三つの指標を選んで、分析力を上げることをお勧めします。

〈①自己資本比率〉

会社が事業をするために集めたお金のうち、返済しなくてよいお金（自己資本）がどれだけあるのかを示す指標です。会社の資産は大きく分けて自己資本と他人資本に分けられます。自己資本とは株主から出資された出資金や余剰金などで、返済の必要のない資本のことです。これに対し銀行など他人から借りた資金（借入金）はいずれ返済する必要があるため負債として区別します。これが他人資本です。自己資本比率とは自己資本を総資産で割ったものです。

自己資本比率が高ければ借入金の金利や元本返済が少なくて済むため、健全な経営だと判断されます。逆に自己資本比率が低いということは、財務基盤が貧弱で、不健全経営とみなされ、銀行などからの融資が受けにくくなり、経営破綻につながりかねません。

財務省の法人企業統計によると、金融・保険を除く資本金10億円以上の大企業の場合は、自己資本比率は40％近くに達しており、50％を超える優良企業もあります。一方、資本金５０００万円以下の小売業では10％を割り込んでいるところがほとんどです。業種、資本規模によって自己資本比率にかなりの違いがあることも知っておく必

16－18年の日経平均ＰＥＲの推移

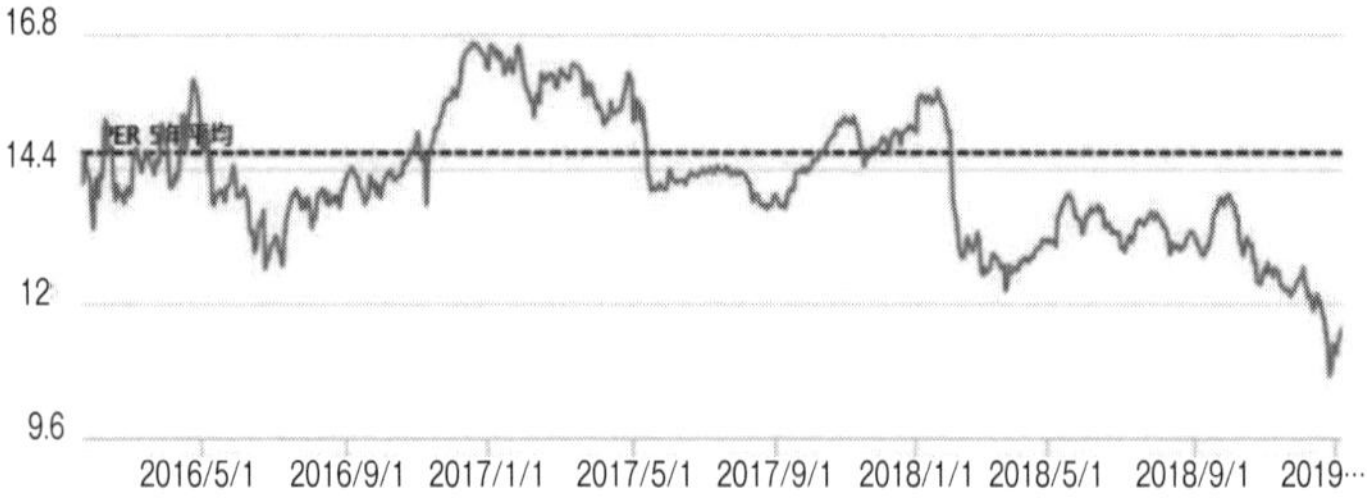

要があります。

なお、国際業務に携わる銀行などの金融機関は、国際決済銀行（ＢＩＳ）の自己資本比率規制に従い、８％以上を維持することが決められています。

〈②株価収益率（ＰＥＲ）〉

株価が一株当たり純利益の何倍になっているかを示す指標が株価収益率（ＰＥＲ）で、株価を一株当たり純利益（注９）で割った数値です。ＰＥＲの高い方が株価は割高、低い方が割安とされます。例えば株価８００円のＡ社株と５００円のＢ社株のどちらを買ったらよいかを考える場合、株価を単純に比較しても判断ができません。Ｂ社の５００円が割安でＡ社の８００円が割高とはいえません。

このような場合、株価収益率を比較することが一つの方法です。Ａ社の一株当たり利益を50円、Ｂ社は20円とすれば、Ａ社のＰＥＲは16倍、Ｂ社は25倍になります。この結果、株価の高いＡ社の方がＰＥＲで見ると割安ということになります。

ＰＥＲは、好況期、不況期、企業規模や業種、個々の企業を比べてもかなりの違いがあります。最近数年の日経平均株価のＰＥＲを見てみましょう。過去5年間の平均ＰＥＲは14・4倍です。この水準を超えると買われ過ぎと判断されます。逆に下回ると購入チャンスと受け止められます。２０１８年9月以降、ＰＥＲは急激に低下し、２０１９年1月初めの段階では10～11倍まで低下しています。教科書的には購入チャンスですが、さらに株価が下落し、倍率が低下するかも知れません。悩ましい問題です。

とはいえ、今の株価水準が上がり過ぎだとか下がり過ぎだとかを判断する有力指標としてＰＥＲは便利な指標です。

〈③配当利回り（％）〉

1株から得られる年間配当金が株価に比べて高いか安いかを示す指標が配当利回りです。1株当たり配当金を株価で割った数字です。配当金が一定であれば、株価が低いほど配当利回りは高くなります。株式投資の目的の一つは、配当金を得ることなので、配当利回りが高いほど投資効率がよくなります。「石橋攻略」でも、配当利回りの高い銘柄の購入を勧めています。配当利回りは、業種によっても大きく異なります。この数年では製薬、メガバンク、商社などの配当利回りは比較的高くなっています。また同じ業種でも業績の良い企業と悪い企業とでは大きく異なります。何年も無配の企業の株価は著しく低下しているはずです。

東証1部に上場されている企業の配当金利回りは19年初めの段階で、1・98％程度です。また日経平均構成銘柄225社の平均利回りは2・04％程度です。5％以上の高配当企業も30社近くあります。

配当金を受け取るためには株式名簿にあなたの名前を登録する手続きが必要です。多くの企業は3月期決算を発表します。配当金も表示されるのが普通です。この配当金を受けるためには、決算期末までに株式を購入し、株主名簿に登録しなければなりません。配当金が得られる最終権利日が決められています。その日が過ぎてから株を買ってもその期の配当金はもらえません。最終権利日の翌日は、株価が下落する配当落ち日です。配当金が高い会社の株価は、配当金相当分が翌日の配当落ち日に下落します。

投資家によっては配当落ち日に安くなった株を購入し、次年度決算で配当金を得る選択をするケースもあります。

「石橋攻略」では、企業の健全性（自己資本比率）、割安感のある株式（株価収益率）、配当金の高い銘柄（配当利回り）の三つの指標を総合的にチェックし、購入することを勧めています。

●テレビやウエブサイトなどの株価情報を利用するコツ

ネットで株の売買をする場合、自分が取引対象にしている銘柄については登録しているネット証券会社がドル円相場、日経平均、個別銘柄の株価動向などについては十分な情報を提供してくれるので問題はありません。

ただ株は生き物です。その日、あるいはその数日前に起った世界や日本の様々な政治、経済、社会情勢、様々な事件、さらに明日以降に予定されている国際会議や首脳会談などが影響を与えます。筆者がどのようなテレビ番組やウエブサイトをどのように利用しているのか、そのコツをここで公開します。

〈①日経電子版〉

日経電子版は、日本経済新聞社が提供しているネットメディア（電子版）サイトです。10年の創刊と歴史は浅いが登録者は急増しており、18年6月現在、登録会員は400万人を超えています。うち有料会員は60万人に達しているそうです。

日経電子版の大きな特徴の一つは、豊富な記事量です。日本経済新聞朝刊・夕刊に掲載される記事約300本（1日分）に加え、電子版独自の記事600本、合わせて約900本が毎日配信されています。電子版のトップページには、その日に日経新聞に掲載された主要記事のほか、電子版独自の記事も豊富なので、直近の世界、日本の様子が分かります。

日経電子版の記事は経済・政治、ビジネス、マーケット、テクノロジー、国際・アジア、スポーツなどその内容によっていくつかのカテゴリーに分かれています。この中で、株式投資に役立つコーナーが「マーケット」です。「マーケット」には株式のほかに為替・金融、商品、海外、投資信託などの項目があります。株式にはその日の日経平均の動き、為替・金融にはドル円相場などの動き、さらに商品コーナーには金、銅、石油などの最新の世界の動向が見られます。海外コーナーでは、NYダウ、S&P500、ナスダック、NY金、原油、ドル円相場など終わったばかりのNY市場の数字を見ることができます。

東京市場が始まる前に、マーケットコーナーを見ておくと、その日の東京市場の相場の動き、例えば日経平均の寄り付きが前日比プラスで始まるか、下落して始まるか、横ばいかなどの見通しを自分なりにつかむのに役立ちます。

〈②ヤフーの「ファイナンス」〉

２番目がヤフージャパンのホームページ。トップページを開き、左端にある「主なサービス」の「ファイナンス」をクリックすると、目的のファイナンスコーナーが出てきます。最初のページの目立つところに日経平均、ＮＹダウ、米国ドル、ユーロのリアルタイムの数字が刻々と流れているので便利です。ヤフーのファイナンスにも様々なコーナーがあります。株式や為替の他に株価予想、証券口座などがあります。株価予想は株専門家による予想、証券口座はどのネット証券のサービスが優れているかなどを比較しており、これからネット株を始めたい人には参考になります。

私の場合は、一日の取引が終わった後、利用しています。その日の株価動向の評価、日本時間の夕方から始まる欧州市場、さらに深夜から翌日早朝にかけて取引中のＮＹ市場の株価や円相場の動向などをチェックするためです。週末の土、日には専門家による「来週の相場見通し」が掲載されます。これも参考になります。

〈③テレビ東京の株関連番組〉

最後にテレビ東京の株関連番組「ニュースモーニングサテライト（モーサテ）」が役に立ちます。平日の午前5時45分から同7時5分までの放送です。終わったばかりのＮＹ市場の様々な動き、例えばダウ、ナスダック、Ｓ＆Ｐ５００などの株価指数、ドル円相場、シカゴ日経平均先物、国債利回り、NY原油などの直近の数字が紹介されます。

さらに専門家による今日のドル円相場、日経平均株価の予想、見通しもこの番組の特徴です。最近ではITによる予想も取り入れています。当たる場合もあるし外れる場合もありますが、終わったばかりのNY市場の変化を受けて、数時間後に始まる東京市場を専門家がどう見ているかが分かります。

同じテレビ東京系の衛星放送、BSテレビ東京の22時からの「日経プラス10」は、これから数時間後に始まるNY市場の動向を知るために参考になります。「プラス10」はその日に起こった日本やアジア、ヨーロッパの政治、経済、社会などの動きを紹介、NY市場の展望、さらに翌日の日経平均や円相場の動きを専門家が解説します。これも当たる場合もあれば外れる場合もありますが、専門家が何を根拠に予想しているかを知るために役立ちます。

●現物と信用のベストミックスで1割以上の利益を目指す

私がネット株取引を始めたのは2004年からです。しかし10年に70歳で大学を退職するまでは現物株中心でした。現物取引の対象は配当利回りが高く、その割に株価が安い銘柄です。具体的には三菱ＵＦＪ、三井住友などのメガバンク、損保、商社、製薬、トヨタ、ホンダなどの自動車などが中心でした。原則1年に2、3回売買できれば上できという感覚でしたが、高値買いをしてしまい、2年、3年保有する銘柄もありました。それでもメガバンクなどの配当利回りは3～4％もあり、実質ゼロ金利の銀行の定期預金と比べれば文句なく有利だという判断でした。

信用取引は実験を兼ねて小額投資に限定していました。小額投資とはいえ、銘柄選定、安値買い、高値売り、追証を避けるための信用維持率キープなどは簡単に見えても結構難しく、6か月後に損切りに追い込まれた銘柄もかなりありました。ローリスク、ほどほどリターンを目指す石橋攻略では、信用取引は十分な準備をしてから始めるように勧めています。具体的には現物取引を少なくとも1年以上、できれば2年程度経験し、あなたなりの相場観を身に付けてからでも遅くはありません。

退職後、それまで漫然とやってきたネット株取引の経験を私なりに体系化し、毎日の取引を記録し、月ベース、年ベースで結果を数値化するようにしたのが12年1月からです。第2次安倍内閣がスタートする約1年前です。

12年から20年までの9年間の取引実績（59ページ参照）は失敗した年もあれば成功し

た年もあります。失敗した年は前年成功し、気持ちが大きくなり、信用取引を拡大し過ぎ、安値買いのつもりが高値買いになってしまい損切りに追い込まれた年です。その反省から現物と信用をうまく組み合わせた安定度の高い取引スタイルがないものかいろいろ考え、試行錯誤を繰り返しました。その結果、現物と信用のベストミックスという新しい取引スタイルにたどり着きました。

●現物買い優先、信用買いは一歩遅れて購入

現物と信用のベストミックスに当たって、次の3点を工夫しました。

第1は現物取引も信用取引同様、短期売買で差益を目指すことです。1万円〜2万円の差益が得られる場合はためらわずに利益を確定します。ネット株取引が普及する以前は、現物株は長期保有が多数派でしたが、「石橋攻略」では現物取引も信用取引と同じように短期売買による差益を目指します。

第2点は押し目買いに踏み切る場合は、まず現物から購入し、信用買いはその後にすることです。石橋攻略では現物、信用を問わずいかに安値で購入するかが決め手になりますが、これは実に難しいことです。安値で購入したつもりが後で振り返ると、高

値掴みをしていたなどは日常茶飯事です。このリスクを回避するための一つの方法として、まず現物購入、次いで信用購入と購入時期をずらすことです。

例えば、現在、株価3000円のA銘柄を300株購入する場合を考えてみましょう。株価が2800円へ下落したのでとりあえず現物で100株、その後2600円まで下落したので100株購入。A銘柄はさらに下落し2400円まで下がったので100株追加購入しました。現物300株の平均購入額は2600円です。

A銘柄はさらに下げ続けます。できればもう少し押し目買いをしたいのですが、手元には現金があまり残っていないためこれ以上買えません。株価はさらに2400円まで下落しました。ここで初めて信用買いに踏み切ります。購入単位は最低単位の100株です。その後も2200円、2000円と下落すれば信用買いを続けます。しかし無制限に買い続けることはリスクが大きくなってしまいます。現物株購入と同じ300株を上限にします。このような買い方をすれば、A銘柄が上昇してきた場合、まずリスクの高い信用取引から利益確定ができます。

第3は現物、信用、現金の割合も一定の構成比を維持することです。元本2000万円の私の場合、現物株の購入額が約1500万円、信用取引額の規模の上限が1000万円、現金保有が300～500万円程度です。一時的に信用取引規模が

1500万～2000万円程度まで膨らむケースもあります。逆に利益確定が進み、ほとんどゼロまで縮小する場合もあります。例えば、17年12月の大納会が終わった時点での信用取引銘柄は7本、信用規模は約210万円まで縮小しました。逆に1000万円を越える現金が手元に残りました。株取引は時代の変化に敏感に対応するので、短期的に現物、信用、現金の構成比は大きく変化しますが、1年をならしてみると、基本形に近い構成比が維持できるように調整するように心がけています。

●大儲けには不向きだが、1割程度の利益確保に向いている

「石橋攻略」は「ローリスク・ほどほどリターン」を目的にした投資手法なので、取引に伴うハイリスクの部分をできるだけ封じ込めています。当然の結果として、1割程度の利益確保には優れていますが、大儲けには向いていません。私の場合、ネット株取引を始めた当初の投入資金は2000万円です。2000万円を使って3倍のハイリスク投資をすれば、理屈のうえでは5000万円程度まで利益を上げることができたかもしれません。それはよほどの幸運に恵まれた場合です。逆に2000万円をあっという間に失っていたかも分かりません。

安全第一の「石橋攻略」では2000万円投資して200万円〜400万円の利益を上げることはそれほど難しくはありません。しかしハイリスクを承知で5000万円を儲けることは至難の業です。そんな幸運な人は1000人に一人、いや1万人に一人もいないかもしれません。

地道に自分の身の丈にあった金融資産運用で、「金利ゼロの世界」から抜け出し、生活防衛を図りたいと願っている多くの人たちに「石橋攻略」は力強い援軍になるものと確信しています。

注8（**S&P500**）＝ニューヨーク証券取引所やナスダックなどに上場しているアメリカの大企業500銘柄の株価を基に算出される株価指数。S&Pダウ・ジョーンズ・インデックス社が算出している

注9（**一株当たり純利益**）＝経常利益から税金を差し引いた純利益を発行済株式数で割った数値

4章　ネット株手帳の作り方、利用の仕方

●相場感を短期間に養う

「石橋攻略」は「ローリスク・ほどほどリターン」を目指しています。石橋のたたき方や情報収集、分析などについては、これまでの章で説明しました。取引に当たってのスキルアップや相場観の養成のために、基本的な株価指標、例えば日経平均やドル円相場、NYダウやシカゴ日経平均先物など毎日の動向をしっかり把握しておく必要があります。その具体的な方法として、ネット株手帳を作成し、自ら手書きで記入することを勧めています。手書きで記入することで毎日の株関連の指標が頭の中にインプットされ、相場観を養う上で効果的です。

特に私のような高齢者は、現役引退後、社会との接点が少なくなっています。程度の差はあっても加齢に伴う体力の劣化、記憶力の低下などは避けられません。アンチエイジング対策としても、ネット株手帳に毎日記入することは脳の働きを活性化させ、記憶力維持にも役立ちます。

●毎日の株価情報、7項目を記入

　本書の姉妹編として「ネット株手帳　2021」（写真）を出版しました。ネット株手帳は2部構成で、1部に毎日の株価情報、2部には取引に伴う損益を記入します。最初に1部の株価情報の記入の仕方について説明します。株価情報のページは8区分に分かれています。8区分の1番左側は日付欄です。日付欄には取引のある月曜日から金曜日までの5日間が一つの単位です。取引のない土日は外します。土日を入れると空白部分が目立ち、連続性が損なわれてしまうからです。

　また、国民のための祝日は日米で異なるので、事前にそれぞれの国の祝日名を記入します。

　例えば、21年2月11日（木）は建国記念の日で日本は休日、同年2月15日（月）は大統領記念日でアメリカは休日です。アメリカが

ネット株手帳・7項目情報

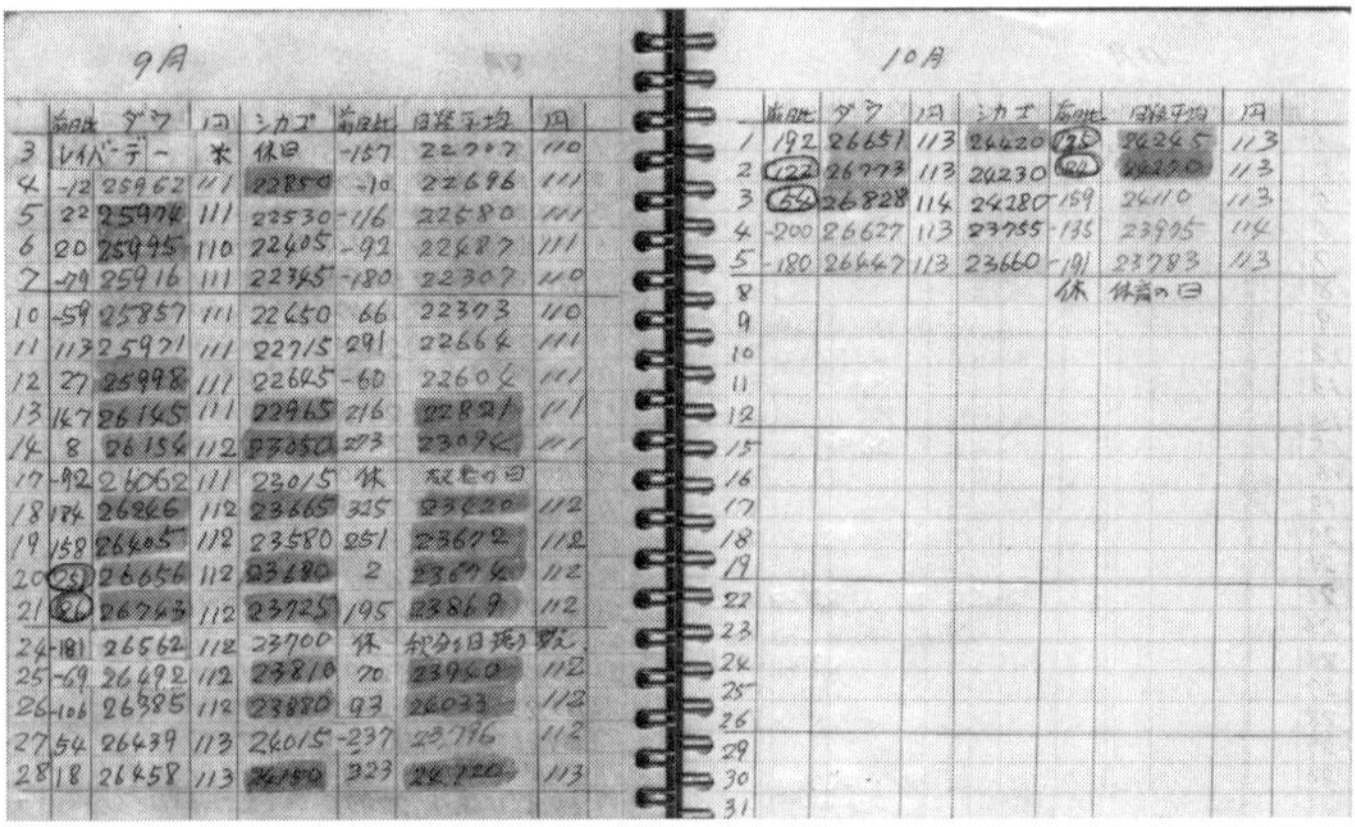

休日でも日本市場は通常通り開いているケースや逆に日本が休日でも米国市場は通常通りなど、日米によって違いがあります。

日付欄の右隣はNYダウの前日比（ドル、終値）、その右隣にダウの株価（ドル、終値）を記入します。ダウ欄の右隣にはNY市場が終わった時点でのドル円相場を記入します。その右隣はシカゴ日経先物（円、終値）を記入する欄です。

その右隣りから日経平均関連指標に移ります。シカゴ日経平均先物欄の右隣が日経平均終値の前日比（円）を記入する欄です。前日比５００円高、３００円安などと記入します。その右隣の欄が日経平均の終値（円）を記入する欄です。その右側の欄に15時頃のドル円相場を記入します。

●様々な経済指標から絞ってチェック

「石橋攻略」では日付欄を除いた7項目の数字の変化をしっかり把握しておけば十分です。情報は多ければ多いほどよいのは当然ですが、時間的な制約と効率、費用対効果などを勘案するとこのくらいが適当だと思います。7項目の中にはNY市場のナスダックやS&P500の株価は含まれていません。特に情報関連銘柄の多いナスダックの動向は日本の情報関連企業にとっては気になります。もちろんカバーする余裕のある人はカバーした方がよいでしょう。しかし「石橋攻略」ではそこまで求めません。さらに米国10年物国債の利回りも重要な指標ですが、ノートの制約から割愛しています。「石橋攻略」ではアメリカの株価3指標のうち、ダウの動きとシカゴ日経先物の動きだけをとりあえずウオッチしておけば十分です。

同じような理由からアジア、欧州関連の株価指標も割愛しました。ロンドン、フランクフルトの株価、ユーロ円相場なども重要な指標なので、余裕があればチェックするのは良いことですが、わざわざ手書きで書き入れるほどの必要性は認めません。時差の関係で欧州市場の様々な動きは、日本が深夜の間に大西洋を渡ってNY市場に反映されるので、ネット株手帳には欧州情報を記入しなくても、NY指標の動きをチェックしておけば十分です。

ただ一つ注目しなければならないことは、ここ数年、中国経済の台頭が目覚ましく、上海株（上海総合指数）の動向が日経平均にかなりの影響を与えるようになっていることです。将来的にはノートのスペースをやりくりして上海株を記載する必要があるかもしれませんが今のところはそこまですることはありません。

●上昇・下落が一目で分かるようサインペンで色分け

毎日記入する7つの指標は「記入して終わり」ではもったいないです。情報が時系列で積み上がってくると、さまざまな利用の仕方が可能になり、自分なりの相場観を養うために役に立ちます。

そこで私の場合、毎月の初日の株価に注目します。ダウとシカゴ日経先物と日経平均の3つです。初日の株価が前月最終日の終値に対してプラスの場合は、株価をピンクのサインペンで、マイナスの場合は黄色のサインペンで塗りつぶします。翌日もプラスなら同様にピンクのサインペンで、逆にマイナスなら黄色のサインペンで塗りつぶします。

マイナスの翌日、前日比がプラスになっても、初日の株価よりも低ければ白地のまま残します。さらにその翌日、前日比がマイナスになっても、最初に黄色で塗った株価よりも高ければ白地のままで残し、低ければ黄色で塗りつぶします。1か月が終え、ピンクの日が多ければ株価上昇の月、黄色の日が多ければ株価下落で不振の月ということが一目で分かります。

●年初来高値、史上最高値は丸囲みで記録

ダウと日経平均の前日比の項目に丸印で囲んである日が何日かあります。丸印は年初来高値、史上最高値を更新した日を記録するためです。例えば20年12月にダウが史上最高値を記録した日が5日あります。4日(金)、17日(木)、28日(月)、30日(水)、31日(木)です。最高値更新日の前日比を丸で囲みます。同月下旬だけで最高値更新が3日もあり、ダウの騰勢が一目で分かります。

一方、ダウを追いかけるように日経平均も同月は年初来高値を更新した日が6日ありました。1日(火)、2日(水)、3日(木)は3日連続で最高値更新、さらに9日

（水）、28日（月）、29日（火）です。それぞれの更新日の前日比を丸で囲みます。大納会（30日）前日の29日の終値は前日比714円高の2万7568円まで上昇し、大きな壁だった2万7000円を楽々突破しました。714円高を特に力を込めて丸で囲みました。日経平均の騰勢も一目瞭然です。

18年9月のネット株手帳をみると、13日に前日比216円高を記録して以来、8営業日連続で続伸したことが分かります。続伸日数が多くなると、過熱感が出てきます。「明日当たり自律調整で下落するのではないか？」という読みが浮上してきます。

過去のケースを調べてみると、17年10月に初日の2日から24日まで土日を挟んで16日間続伸しています。16営業日続伸は東京市場開設以来最長の記録です。それまでの最長続伸記録は約半世紀前、所得倍増計画を掲げた池田内閣時代の1960年12月21日から61年1月11日までの14日間でした。連続続伸日が10日前後続くと、過熱感が強まり自律調整でその数日後に反落する傾向があるので注意が必要です。逆に続落が連続で10日前後続くと市場では悲観論が強まりますが、さすがに下げ過ぎとの判断が働き、その数日後に自律反発する可能性が強まります。

株式市場では上昇がいつまでも続くわけではないし、同様に下落がいつまでも続くわけではありません。一般に連続上昇、連続下落の日数が長くなり、上昇幅、下落幅

が大きくなると、自律調整も大きくなり、下落幅、上昇幅も大きくなる傾向がありま
す。連続上昇で浮かれていると足をすくわれるし、連続下落で気分が滅入っている時
は、思わぬ反発で市場の女神に感謝したくなります。良いことも悪いこともいつまで
も続くわけではありません。短期の変動に一喜一憂することなく、冷静に相場の先行
きを見極める判断力を身に付けるためにも毎日のネット株手帳への記入を継続してほ
しいと思います。

●手と目、脳を使って株価の動きをまとめる

デジタル時代の今、なんと面倒でアナログ的な作業をやらなければならないのかと、
あきれる読者の方もいらっしゃるでしょう。しかしこの手作業による記入を億劫がら
ずにやることで、必要な日米株価の動きを、手と目、脳を使い、確実に把握すること
が可能になります。慣れればほんの数分で済む作業です。手帳を見栄えのあるように
するため、サインペンの色などは好きな色を選ぶことで遊び心も加わり、気分転換に
もなります。

1か月が終わった段階で、記入した手帳を見てピンクの多かった日が月の前半だっ

たのか中頃だったのか、それとも後半だったのかが分かります。後半にピンクが少なく、黄色が多ければ、翌月も低水準で始まるだろう、逆にピンクが多ければ翌月も上昇で始まる公算が大きいなどと自分なりの判断が可能になります。

同様に、1年が終わった段階で、記入した手帳を振り返ってみると、1年のうちどの月に株価が上昇し、どの月が不振だったかも分かります。株価にはかなりの季節性があるので、記入することで自分なりに確認し、翌年の「石橋攻略」の参考にしてください。

●記入のタイミングは朝と15時以降に

記入のタイミングですが、私の場合は、朝と15時以降の2回が原則です。毎朝、テレビ東京の「ニュースモーニングサテライト」を見ながら、終わったばかりのNY市場のダウの終値、前日比、ドル円相場、シカゴ日経平均先物を手帳に書き込みます。

これらの数値を記入しながら株式専門家の「今日の東京市場の株価の見通し」などを参考にして、東京市場の日経平均の寄り付きを予想します。専門家の見通しに対して「その通り」と思うこともあれば、「少し違うのではないか」と感じることもあります。最終的には自分の判断で数時間後に始まる東京市場の動きを判断します。

●寄り付きは過剰反応する場合が多い

この数年、東京市場の株価はNY市場の動向に過剰反応して始まります。特に取引開始後30分ほどはその傾向が顕著です。寄り付きが前日比3桁以上の大幅上昇が期待できれば、手持ちの株式売却のチャンスになるかもしれません。逆に大幅下落が予想されれば、押し目買いのチャンスかもしれません。テレビ東京の「今日の株価見通し」を聞き、必要なNY市場の情報を手帳に記入しながら、東京市場の寄り付きの高安をあれこれ予想するのも楽しいものです。記入が終われば、朝の仕事はこれで終わりです。

そして午前9時から東京市場が始まります。取引開始後30分が最初の勝負で、売買取引はこの時間帯に成立する確率がかなり高まっています。10時頃までパソコンに表示される株価の変化を見届けて、利益確定、押し目買いなどの商いをして今日の取引は終わりです。

外出など予定がある人はお出かけください。特に外出などの予定がなく1日家にいる場合は、後場《ごば》の寄り付き（12時半）から30分程度、さらに後場が終わる30分前の14時半頃から株価の動きを見てください。

15時で東京市場は終わります。終わった段階で終値、前日比、ドル円相場を記入します。外出した場合は、帰宅後の時間のある時に記入してください。

●手帳2部には取引結果を黒字、赤字で記録する

2部ではその月の損益を記入する1ページと具体的な売買取引を記入する3ページの計4ページが1か月分です。最初の1ページに売買の損益を記入します。1日に複数の銘柄を売買した場合は合計した損益を記入します。日付の右隣りはその日の損益(当日損益)欄です。次の欄が年初来損益です。1月からの損益の累積を記入します。1月末の当日損益の合計と年初来損益の合計は同じです。2月以降は違ってきます。

その右隣りが備考欄です。その日の株価や取引に影響を与えたニュース、事件などを簡潔に記入します。NYダウ1000ドル下落、コロナウイルス感染者急増、オンライン診療銘柄急騰など、なんでも構いません。

12か月記入を続ければ、毎月の損益、1月からその月までの年初来損益がわかります。損をした日は損金を赤字で書き込むと分かりやすいです。利益の種類は売却額か

ネット株手帳・損益の記入

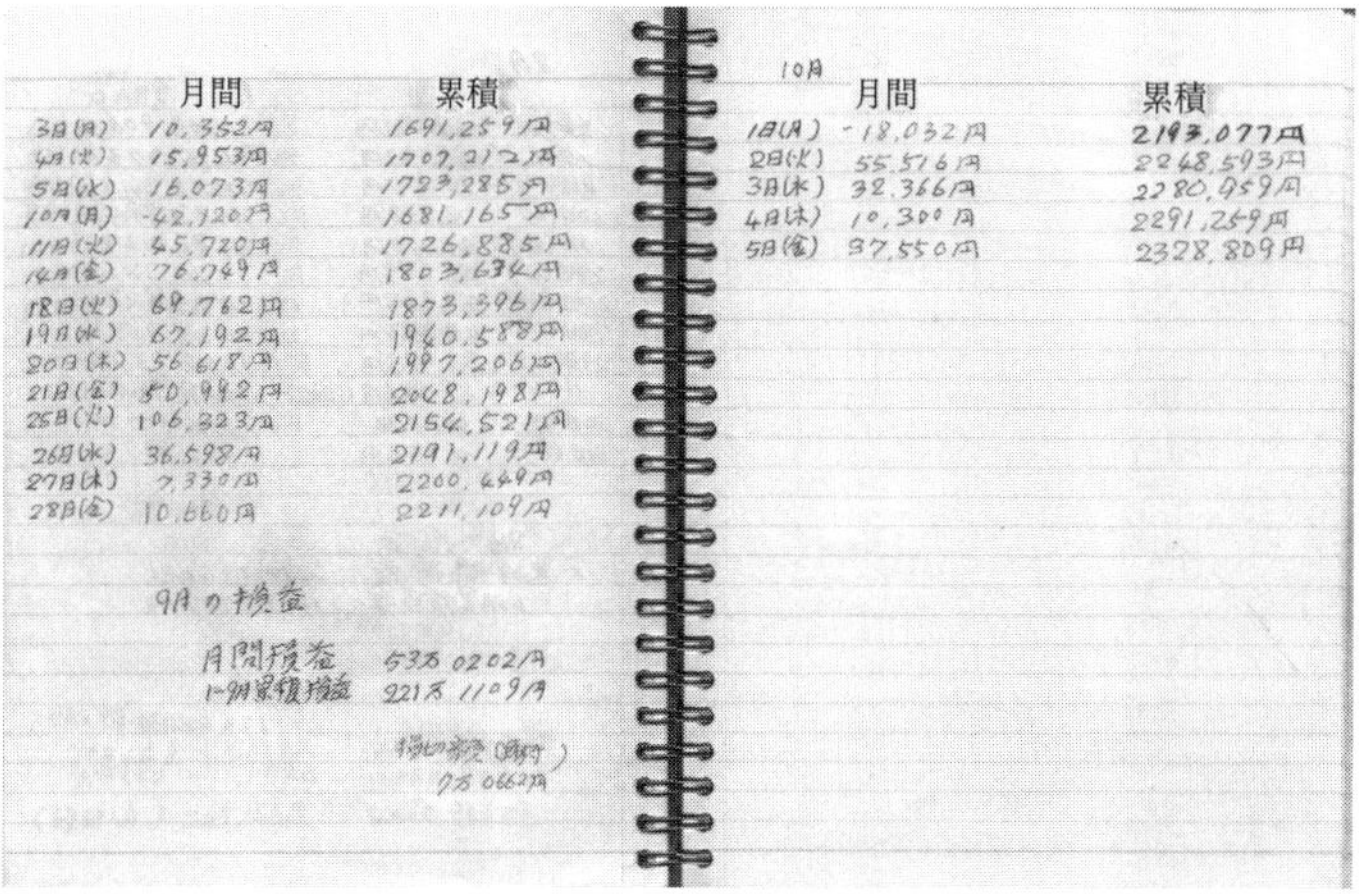

ら購入額を差し引いた粗利益、粗利益から証券会社の売買手数料、信用取引の場合は支払い金利などを引いた「手数料引き利益」(受渡利益)、さらに約2割の税金を引いた税引き利益などがありますが、ここでは手数料引き利益(証券会社が計算)を使います。

月末にはページの下部に「その月の損益」と「年初来損益」、「現金残高」、「信用維持率」を記入しその月の取引内容を分析します。

現金残高はどの程度現物株を購入できるかを示す大切な指標です。月によっては現金残高が100万円程度まで減少する場合があります。その分現物株の保有が増えているわけです。逆に現金残高が

500万円を超える場合もあります。この場合は順調に売却益が得られた月です。手持ちの現金で次にどの銘柄を購入するか、じっくり株価動向を分析し、次の作戦を考えます。手元に現金が貯まると、焦って高値買いをしてしまう恐れがあります。自分で的を絞った銘柄の株価が割安になっているかどうかの判断は重要です。

信用維持率は信用取引をしている人だけ記入してください。「石橋攻略」では初心者に対しては、少なくとも1年間信用取引は避け、現物取引で自分なりの相場観を身に付けるようにアドバイスしています。相場観を身に付け、信用取引に踏み出した個人投資家に対しては信用維持率100%以上を目標にするように勧めています。「石橋攻略」では信用維持率が100%以下になると黄信号とみなします。これ以上信用枠を広げず、できれば縮小することが安全対策上必要です。維持率100%以上を心がけておけば、20年3月のコロナ・ショックで7000円を超えた株価暴落にも十分耐えることができます。

●売買ページには購入日、売却日を明記

次に売買取引ページを説明しましょう。

1番左側の日付欄は購入日、その右隣りが購入銘柄。現物と信用の両方を売買している場合は、どちらかをピンクか黄色の蛍光ペンで塗ると分かりやすい。その右側の欄に購入価格を記入します。さらにその右隣りの日付欄には売却日を記入します。その右側が売却価格、さらにその右隣りに証券会社が計算した手数料引き利益を記入します。最後の欄は一言メモ欄です。

メモ欄には現物で購入した株式の平均取得価格などを記入します。例えばA銘柄を300株購入する場合を想定してください。最初の100株は1500円、ついで1200円で100株購入、最後の100株を1000円で購入したとします。この場合の平均取得価格を仮に1240円としましょう（正確な平均取得価格は証券会社が計算）。3か月後に2000円に上昇したので売却します。この場合、売却益は1株当り760円（2000円－1240円）になります。一言メモ欄には3回に分けて購入したA銘柄の平均取得価格を1240円と記入します。また購入価格より安い価格で売却する損切りの場合は、一言メモ欄に損切りと記入します。

取引実績の記入ページが3ページに及ぶのは、取引銘柄が増え、取引回数が多くなれば1ページでは足りず、3ページ程度必要になるためです。

また、購入日と売却日を記入することで、自分が購入した銘柄が何日で売れたかが分かります。最短の場合は、午前中に購入した株が午後売れる日があります。前日購入した株が今日売却できることもあります。１週間以内、２週間、１か月などマチマチです。３か月、６か月たっても売却益が得られない場合も少なくありません。

自分の保有する銘柄がどのくらいの日数で、予定している売却益が得られるかをチェックするためにも、購入日と売却日を明記しておくと便利です。

●根気よく記入し続けることで、情報・知識を蓄積

１年が終わった段階で、その年の月別損益と累積損益の一覧表を作成します。すでに指摘したことですが、20年を振り返ると累積利益は４０９万２９２６円となり、投資額２０００万円の約20％のリターン（利益）になりました。これとは別に79万６７２０円の配当金もありました。この年の3月にはコロナ・ショックによる大暴落に見舞われましたが、「石橋攻略」によってしっかり利益をあげることができました。自分で記入した1年間の損益表を見ながら、来年の世界経済、とりわけアメリカ経済や中国経済の動き、さらに日本経済の動向などを総合的に展望し、投資戦略をゆっくり練ってください。

ネット株手帳の作業は1部に日米の株価関連指標、2部には月間、累積の損益を記入することでひとまず完了です。毎回の記入はそれほどの時間はかかりませんが、毎日続けることが肝心です。記入を根気強く1年間続けると、あなたの株関連の情報・知識が蓄積され、あなたなりの相場観が形成されます。この相場観が大切です。

これで「石橋攻略」初級クラスは免許皆伝です。後は皆さんが「ローリスク・ほどほどリターン」に挑戦して成果を上げられることを願っています。

あとがき

私は「待てば海路の日和あり」という言葉が好きです。台風などの影響で海が大荒れしていても、待っていれば台風も過ぎ去り、穏やかに船出できる日が必ずくるというたとえです。転じて、今は思うようにいかなくても、じっと辛抱していればチャンスは必ずめぐってくるという文脈で使われます。株取引に当たってもこの余裕が大切です。もっと下がると思っていた株価がそれほど下がらず上昇に転じて押し目買いのチャンスを失う、逆にもう少し上がったら利益を確定しようと思っていると、下落に転じて売り損ねることは日常茶飯事です。こんな時こそカッカとせず、冷静に構えて次のチャンスを待つ余裕の心が必要です。よほどの異変が起きない限り、株価は上がり続けることもなければ下がり続けることもありません。上がったり下がったりを繰り返します。直近のチャンスを失っても焦ることはありません。必ず次のチャンスが巡ってきます。「海路の日和」を楽しみながら待つことも「石橋攻略」の醍醐味です。

株式相場の世界には様々な格言、名言のたぐいがあります。「ハイリスク・ハイリターン」の浮き沈みの激しい世界だけに、幾多の成功談、失敗談の中から、株の世界だけでなく人生の参考にもなる言葉がたくさん生まれてきました。最後に相場格言の双璧とされる名言を紹介して、本書を閉じたいと思います。

人の行く裏に道あり花の山、いずれを行くも散らぬ間に行け

相場格言の中でも最も知られている名言です。マスコミやインターネットなどでもてはやされ、人気絶頂の銘柄に投資しても「儲けは得られない」という意味で使われています。多くの投資家が人気絶頂株に押し寄せるため、ついつい高値買いしてしまうからです。今は人気がないが、市場の将来性、技術力などからみて上昇すると思われる銘柄をじっくり発掘し、投資することの大事さを教えています。後半の「いずれを……」では、見切りの大切さを説いています。首尾よく株価が上昇していると、ついつい有頂天になり、いくら儲かったなどと机上の計算をして浮かれがちになります。しかし株価は永遠に上昇することはありません。旬が過ぎれば下落に向かうのは避けられません。欲ボケを排して、冷静に売り時のタイミングを見極める大切さを示しています。

「もう」はまだなり、「まだ」はもうなり

「もう」相場が天井や底にあると思って売りや買いに転じても、さらに上昇し続ける、下落し続けることがよく起こります。逆に「まだ」上昇する、下落すると判断していると、そのあたりが実はピークであったり、ボトムであったりして売り時、買い時を間違ってしまうことも頻繁に起こります。相場の勢いに押されて単純に対応せず、かといって相場の勢いを過小評価してもタイミングを誤ってしまいます。臨機応変さが求められることを指摘しています。焦らず、かといって悠長に構え過ぎず、間合いを正しく判断して実行することは至難の業ですが、心に留めておくと役に立つと思います。

「石橋攻略」はアンチエイジングを兼ねています。ボケ防止、少しのリスクとスリルを楽しみながら「ローリスク・ほどほどリターン」を目指して楽しんでください。

【著者】
三橋規宏（みつはし・ただひろ）
　1964年、日本経済新聞社入社。ロンドン支局長、日経ビジネス編集長、論説副主幹などを経て、千葉商科大学政策情報学部教授。2010年から名誉教授。専門は日本経済論、環境経済学。主な著書に「ゼミナール日本経済入門」（編著、日本経済新聞出版社）、「新・日本経済入門」（同）、「環境が大学を元気にする」（海象社）、「サステナビリティ経営」（講談社）、「環境再生と日本経済」（岩波新書）、「日本経済復活、最後のチャンス」（朝日新書）、「日本経済グリーン国富論」（東洋経済）など。

改訂版
石橋をたたいて渡るネット株投資術—コロナ下でもしっかり利益
2019 年 8 月 9 日　初版発行
2021 年 3 月 12 日　改訂版初版発行

著者／三橋規宏

カバーデザイン／根本眞一〈(株) クリエイティブ・コンセプト〉
本文デザイン／松田晴夫〈(株) クリエイティブ・コンセプト〉

発行人／瀧川　徹
発行所／株式会社　海象社
〒 103-0016　東京都中央区日本橋小網町 8-2
TEL：03-6403-0902　FAX：03-6868-4061
https://www.kaizosha.co.jp/
振替　00170-1-90145
印刷／モリモト印刷株式会社

ISBN　978-4-907717-58-2　C0033